堀之内 清彦
HORINOUCHI Kiyohiko

現代と著作権

論創社

はじめに

学問と芸術が私たちの前に提供・提示されるとき、それは著作物である。しかし著作物の著作権、特に著作財産権だけに焦点を当てて考えてしまうとき、著作権は経済問題に限定されてしまい、人間とは何かという問いや、人間が如何に生くべきかという問いが捨象されてしまう。

著作物は私たちに生きる喜びや勇気を与えてくれるものであるのだから、この著作物の存在や著作物の影響、そして著作物を生み出す人間、著作者という存在をもう一度考え直すことが重要ではないか、と私は考えた。

本書の概要を少しだけ述べておきたい。

第一章では、著作権の誕生とそれが制度化されていく歴史を簡単にみる。

第二章では、著作者人格権について考察する。著作財産権を強く主張するために著作者人格権の権利が強すぎるから弱めたほうがいいとの主張に反論する。著作者人格権の前に、私たちには基本的人権という考え方や一般的人格権、個別的人格権という考え方を既に獲得しているが、それは人間として生きるうえでの基本的、根源的な考え方であるはずだが、その上に著作者人格権があることを検証したいと思う。さらに表現の自由か人格権を守るかというきわどい問題でもあるパロディについても考えてみた。

第三章では、著作物の価値を扱い、特に著作物の文化的価値について考える。そして経済的価値としての著作物使用料もまた長い歴史のなかで定められてきたものであるから、そう簡単には否定できないことをみていく。

第四章では、最も現代的な課題として、AI（人工知能）について考える。AIを構成するのは、著作権法で保護対象とされるプログラムとデータベースである。このプログラムとデータベースだけでなく、AIからの生成物の一つに楽曲や歌詞があるが、この楽曲や歌詞に著作権が認められるか否かを検討する。

第五章では、TPP（環太平洋経済連携協定）と著作権についてふれる。TPPは紆余曲折のある長い貿易交渉であったが、ここで取り上げるのは、著作権の存続期間（著作物の保護期間）延長問題、著作権侵害罪の一部非親告罪化の問題、そしてこれでやっと戦後も終わるとされる戦時加算解消問題である。

第六章では、共謀罪にふれ、現行憲法における思想・良心の自由が、戦前・戦中の治安維持法を否定したところから諸外国にない規定として制定されていること、治安維持法が頭の中で考えたこと、表現されたものでなくても逮捕・拘束された悪法であり、著作権法において保護される「思想又は感情を創作的に表現したもの」以前に人間を否定したものであったことを検証する。

最後の第七章では、著作権制度の最終目標をあらためて考えてみた。著作権制度を支えるのは現実的には、著作権等管理事業者の文化的な役割があることについて述べた。

堀之内　清彦

二〇一九年七月

目次

第六章「共謀罪」と著作権

第一章　著作権の誕生と制度化の歴史

第一節　著作権／私的所有と文化的所産

私的所有は、長い人類史の中で、その所有がどのような経緯でなされてきたか、例えば過剰な蓄積であるのか、略奪であるのか、あくどい商売や詐欺や泥棒であるのか、清貧の中でも明日に備えたものの蓄積なのか、あるいは裕福なものからの贈与されたものなのか等々様々なものがあるのであって、法律に違反するなど特別な事情がある場合を除き、いまさらそれを強制的に取り上げるようなことはできない。私的な所有を前提とした上で変革の方途を探るしかない。

ここでは、目に見える有体物を、私的に所有すること、すなわち、この物は私の物だという主張を保障することだといっているのだが、著作権をはじめとする知的財産権は目に見えないモノを想定していることから、自分の著作物、著作権などに関わることならともかく、一般的にはなかなか関心が向かないことであるし、理解し難いものであるが、近代はそれでも著作権、知的財産権などという名称を付けて保護、保障することになっている。だがむろんすべてを私的所有にすることはできない。私たちが社会的に関係性を維持しながら生活していくためには、すなわち私的所有を保護、保障するためには、一般に公権力といったものが必要とされている。それは構成員が、共済・共同組合等の原理で、お金と時間と労力を出し合い、自分たちのための税金制度をつくるなどすることである。共同で持合い、共同でその制度を維持していかなければならないものが出てくるわけである。そこに私的所有を一部であるが否定する何かが生まれる。公共福祉論というべきものである。

後にふれることになるが、著作権という考え方が発生し、著作者の権利としての著作権を具体的にどのように守っていくかは、著作者が団結して、それは私の著作権である、と主張するなど闘う必要がある。そのような闘う姿勢から生じてくるのが、その団結組織である著作権の管理団体である。逆にいえば著作権の管理団体は構成員である著作者の権利を守る団体ということになる。この著作権の対象となる著作物とは、著作者が創作した否定しがたい確固たる個人の財産であり、社会的には文化的所産というものである。そのような意味においては、著作物は公的な財産でもあり、著作物の保護期間が満了したとしても、公有(パブリックドメイン)などとよばれ、社会性を維持し続けるのである。

よって、この著作権管理団体は、私的なモノ、私的所有を守るものであるが、公的な性格を持つ組織、団体ということになるのだろう。考え方としては、著作権の管理団体はシザック憲章（ＣＩＳＡＣ：著作権協会国際連合：巻末資料参照）第一三条がいうように非営利団体（商業上の組織でもなく、経済利益によって動機づけられた組織でもない）であるべきで、公共的な性格を有するべきものである。

第二節　著作権の誕生とアン法の成立

グーテンベルクによる印刷術の発明は、一四五〇年頃とされている。印刷会社、出版者が出現し、文字が一気に流通し、著作物が広範囲に伝達されて行く。印刷会社や出版者のほかに著作者という存在が出現する。一五四〇年頃にはイタリアのベネツィアで著作権法が制定されているとのことであるが、筆者は詳細を知らない。しかし、その萌芽は見てとれる気がする。

著作者の出現が著作権という考え方を生み出すわけだが、その著作物の著作者を確定する前に、印刷物の大量発行があり、海賊版の横行が始まる。そして印刷会社、出版者の権利を守るために、著作者の権利としての著作権の考え方も法制化されることになる。

この印刷会社や出版者の組合の時代では、はじめ組合が一度著作者から著作物を購入したら、その著作物に対する印刷、出版の独占権が与えられると言うものであった。多くは著作物を安く売り渡した著作者自身は、組合の一員から排除され、自主出版することもできず、一度売った著作物に対する使用料を受けることもできなかった。

ヨーロッパ近代の中で、はじめて著作権法が制定されたのはイギリス・イングランドであった。アン女王時代に制定された法律であることから通称アン法とよばれる。正式名は「印刷された本の著作者または購入者にそのコピーを定められた期間帰属させることによって学問を振興する法律」である。

このアン法の内容について記載しておこう。山田奨治著『〈海賊版〉の思想――一八世紀英国の永久コピーライト闘争』(みすず書房)から引用する(四七頁)。アン法は一一条から成り立っているとされるが山田は以下を抜粋している。

第一条　本の著作者、および著作者から版を譲られた者には、印刷の独占権がある。すでに出版された本は一七一〇年四月一〇日から二一年間、これから出版される本は公表のときから一四年間、保護される。

第二条　保護を受けようとする者は、出版するまえに本を書店主組合に登記しなければならない。

第五条　この法律以後に出版される本は、九冊を指定された図書館に納本しなければならない。

第六条　スコットランドで損害賠償を求める場合は、スコットランドの民事上級裁判所で審理される。

第九条　この法律は、すでに継続して出版し今後も出版をつづける大学と個人の権利には適用されない。

第一一条　一四年間の保護期間が終わってなお著者が生きていれば、印刷独占権はいったん著者に戻り、さらに一四年間の保護が与えられる。（白田秀彰による訳を改変）

第一条は、著作者の存在を認めるものの、著作者から著作権を譲り受けた印刷会社、出版者の保護について書かれている。この権利は出版する権利、広くいえば著作権のうちの複製権についての定めである。

この一七一〇年のイギリス・アン法と、その後八〇年以上もたって制定された著作権法の原点とされる、一七九三年のフランス著作権法とを比較してみておこう。

フランス著作権法は、一七八九年のフランス革命の大きな影響下に成立する。長期間にわってフランス王政に苦しめられたフランス民衆が、その王政を打倒して打ち立てた新しい政治体制の精神の現れこそが、自由・平等・博愛の精神であり、フランス著作権法に反映されている。一七九三年七月一九日－二四日法はそのようなものとして制定される。一七九三年は、一月にルイ一六世が、一〇月にはマリー・アントワネットがギロチン台で処刑された年である。奇《く》しくも法案の提出はこの年である。

同法案の報告者ラカルナは次のように述べている。

あらゆる所有権のうちで異論をさしはさむ余地がもっとも少なく、しかも、その所有権を拡大しても共和国における平等を傷つけず、自由の名にかげりを与えないもの、それはまさしく天才の著作物の所有権である。天才の所有権を認めるために、実定法によってその自由な行使を保証する必要が生じてきた。つまり、他の多くの場合と同じように、きわめてあたりまえな正義という単純な要素を認識せしめるためには、フランスにおけるような偉大なる革命が必要であった。

天才が人間の知識の限界を拡大するような著作物を発表したとき、だれにも知られずにすむであろうか？　天才が著作物を発表すると同時に、文学の著作物の海賊どもがすぐにその著作物を横取りしてしまったとしたら、著作者は貧困の恐怖の代償として不朽の名声を得ることになってしまうだろう。そして、天才の子孫たちはどうなってしまうのだろうか？　コルネーユの子孫は赤貧のうちに消えていってしまった。

著作者の所有権を有効に行使することは印刷を手段とした場合にのみ可能であるが、印刷した瞬間に、その所有権は喪失してしまう可能性が生じる。しかしながら、印刷したために文学の著作物の海賊版業者を喜ばせて、著作者の著作物を公有にしてしまうことはできない。

人民のために夜を徹して仕事をした天才が不毛の名誉しか与えてもらえず、その高貴な仕事に対して法律上の報酬を要求することもできないというのでは、不運といわざるを得ない。

文部委員会がいわば天才の権利の宣言ともいうべき法律の制定をここに提案するにいたったのは、熟慮検討の結果である（宮澤溥明著『著作権の誕生』一五～一六頁）。

今から、二二〇年以上も前のフランス革命時のフランス著作権法制定の趣旨説明である。この一七九三年七月一九日－二四日法は、わずか第七条だけで構成されているが、これも、宮澤が『著作権の誕生』で訳出している（一六～一七頁）。

第一条　あらゆる種類の文書の著作者、音楽の作曲者、絵画または図案を版刻せしめる画家および図案家は、その生存期間中、共和国の領土内において、著作物を販売し販売せしめ頒布しおよびその所有権の全部または一部を譲渡する排他的権利を享有する。

第二条　著作者の相続人または譲受人は、著作者の死後一〇年間、著作者と同様の権利を有する。

第三条　警察官は、著作者、作曲者、画家、図案家その他およびその相続人または譲受人の請求にもとづいて、その利益のために、著作者の正式な文書による許可を受けないで印刷または版刻されたあらゆる出版物を没収せしめる義務を有する。

第四条　あらゆる偽造者は、真正な所有者に対して、原出版物の三〇〇〇部の価格に相当する金額を支払わなければならない。

第五条　偽造出版物の小売業者はすべて、偽造者と認められないときも、真正な所有者に対して、原出版物の五〇〇部の価格に相当する金額を支払わなければならない。

第六条　種類のいかんを問わず、文学または版画の著作物を発表したあらゆる市民は、その二部を共和国の国立図書館または同図書館版画室に登録し、図書館員が署名した受領書を受け取るものとする。受領書がない場合には、偽造者を告訴することは認められない。

第七条　文学または版画の著作物ないしは美術に属するその他の精神的または天才的産物の著作者の相続人は一〇年間、著作物の排他的所有権を享有する。

この法律はわずか七条の短い法律であるが、一九五七年三月まで抜本的な改正がなされないまま一六〇年以上にもわたってフランスの著作権制度を支えてきたのである。

以上のとおり、一七一〇年のイギリスのアン法とその後八〇年以上経って制定され著作権法の原点とされる一七九三年のフランス著作権法とを比較してみたが、やはりアン法は、著作者の存在を認めながらも、印刷会社や出版者の権利を認め制度化（印刷会社、出版者に対する制限）していくことが根底にあり、それに対してフランス革命を経験し自由・平等・博愛といった理念から人権、基本的人権などを認め、再確認し合う状況の中から生まれるフランス著作権法は、人間、著作者を見る目、著作者に対するリスペクトが色濃くでていることがわかる。著作権について、フランス語では著作者の権利（droit d'auteur）と表現している。

第三節　福沢諭吉の言説と旧著作権法の成立過程

コピライトという英単語を日本国内に持ち込み広めてしまったのは福沢諭吉である。広めてしまった、という言い方のなかに若干否定的なニュアンスが残されている。なぜなら、これから次節でも述べることになるが、大陸法と英米法の差異の克服が現代社会のなかでもいまだに課題となっていることを考えると、福沢が比較的安易に、どちらかといえば得意げにコピライトを版権と訳したことは、後世に誤解のようなものを残すことになったと思われるからだ。

福沢が、コピライトを版権と訳したことは、それは正しいのであろうが、水野錬太郎が著作権法を草案し、明治政府が著作権法として成立せしめたとき、版権という訳語は著作権という言葉にとって代わられたのである。福沢がコピライトという単語をそれまで日本国内で使用されていた木版による印刷、すなわち板の上に活字を彫ることによって印刷すること（後に一字一字を金属に変えていくことになる）、そのことを保護するための方策として印刷屋、本屋または出版社の権利として認めさせようとしていることが原因と考えることができる。それを版権とよんでいるのだ。つまり板による版を持っているものを保護するという目的があったということができるだろう。このことはイギリスのアン法成立過程に示された議論にとてもよく似ている。

そして福沢は、自分の周辺のことだけが気になり、非常に狭い範囲、小さい視点でコピライトを「蔵版の免許」（大家重夫著『著作権を確立した人びと』二一頁）、あるいは「版権」（同二五頁、福沢の造語）と訳したように思われる。コピライトはその意味では、版権でも、出版権でもよく、やや広くなるが複製権でもいいことになるが、いずれにせよ水野錬太郎が定める大きな意味での著作権ではないと考えられる。大家は「福澤のこの「蔵版の免許」に関する箇所は、福澤が主として「チェンバーズの経済書」を咀嚼《そしゃく》し、翻訳して、更にこれに「新アメリカ百科事典」の「コピライト」の項目を訳して補ったもののようである」（同一四頁）といっている。

前出の大家重夫著『著作権を確立した人びと』によれば、福沢は動乱の明治維新の時機に三回にわたりアメリカとヨーロッパに出向いている。

第一回目は、一八六〇年、勝海舟とともにあの咸臨《かんりん》丸でアメリカサンフランシスコに渡っている。日米修好通商条約の批准書を交換するためであった。第二回目は一八六二年に大阪の開港延期を申し入れるために送り出された文久遣欧使節団の随員として、ヨーロッパへ渡航。インド洋から紅海を経てスエズを汽車で越え、地中海をわたり、マルセイユへ。フランス、イギリス、オランダ、プロシア、ロシア、ポルトガルを巡ってその年のうちに帰国している。第三回目は一八六七年のことであり、アメリカへ軍艦受取委員に随員として付いていった。東部諸州の都市を回り約六か月間で帰国している。

問題のコピライトであるが、一八六八年に『西洋事情（外編・巻之三）』に日本で最初に取り上げている。

この歴史を若干遡《さかのぼ》れば、アメリカとの初めての日米和親条約は、明治維新（一八六八年）の一四年も前の一八五四年三月三一日に江戸幕府とアメリカが締結した条約である。日米修好通商条約は、一八五八年七月二九日に日本とアメリカの間で結ばれた通商条約である。アメリカ側に領事裁判権を認め、日本に関税自主権がなかったことなどから、一般に不平等条約といわれる。

幕府は同様の条約をイギリス・フランス・オランダ・ロシアとも結んでいる（安政五か国条約）。結局、この不平等条約を解消したのは日本が日清戦争において清国に勝利した後のことであり、一八九九年（明治三二年）七月一七日に日米通商航海条約が発効したことにより失効した。この年は、日本が外国人の著作物を日本人のそれと同じように保護する旧著作権法を制定し、ベルヌ条約に加入する年である。

このように、福沢は、アメリカに二度渡航し、アメリカの文献を購入、それを翻訳している。このことは、日本が徳川幕府においても明治政府においてもペリーにより開港を迫られ、和親条約を結ぶことから始まるアメリカとの関係に従わざるを得ない状況であったことを物語っている。

だが、明治政府は、福沢とは異なり、アメリカを模倣《もほう》することはなく、日本国を実質的に成立させるための法体系をヨーロッパに学ぶことになる。憲法はドイツ（プロシア）に学び、民法も刑法もフランスやドイツに学ぶのである。そして、著作権法の制定にあたっては、先の大家によれば「水野錬太郎は、明治三〇年一一月、各国の著作権制度調査のため、イギリス、アメリカ、ドイツ、フランス、イタリアの各国を廻り、研究する。ことにスイスのベルヌにある知能権国際連盟中央事務局には毎日入り浸り、辞書と首っ引きで取り組んだ」（同書一〇六頁）とある。福沢がアメリカからコピライトを仕入れてきてから約三〇年後のことである。

第四節　アメリカの影響を受ける日本法

日本において、明治から継続する日本の法体系は大陸法系であるが、一九四五年の日本の敗戦後は、明治憲法は破棄され、勝利した連合国のうちアメリカの主導のもと現在の日本国憲法が制定されていく。その後この日本国憲法の他にも、独占禁止法や金融商品取引法（旧証券取引法）が戦後すぐにアメリカの力によって日本の法体系の中に組み込まれていく。このことは、否定すべきことではない。なぜなら経済の発展とともに新たな経済事象が起こり、それを規制する法律が制定されていくことは必然であるからだ。

アメリカの占領下に置かれた日本は、アメリカの経済、政治、文化を受け入れることになるが、問題となるのは、日本の法体系は大陸法をもとに制定され、そのうえにアメリカ的なものの考え方が移植されていくといったような、何か矛盾に満ちた法体系になっているように思われるからだ。

科学・技術の進展によってさまざまな新製品やサービスが生み出されていくが、特にアメリカ発のものが多く、アメリカではそれに対応した法体系が整備されていく。このように科学・技術の最先端の成果に対応するアメリカの法律に学ぶことは多いにしても、その根底に流れる思想が、日本法の考え方と異なっていると感じられるのだ。特に著作権法について、そのように思われる。

知的財産権に関する日米企業間の訴訟ともなれば、アメリカ法をもとにしたアメリカ企業の主張と日本企業の主張とは根底においてくい違いを見せているように思われる。

煩雑《はんざつ》になり過ぎた日本の著作権法を抜本的に変えようとする動きがあるが、この関係、すなわち大陸法と英米法の関係をよく整理した上で行うことが求められるであろう。大陸法と英米法の関係改善といっても、机上の深い理論も必要であるが、法律の制定、条約の成立は、経済の力、政治の力に負うところが大であることから、経済や政治の動向を正確に把握したうえで、長期的にみて、あるいは本質的に人間にとって、どのような法律を制定し法体系を構築していくべきかを模索していかなければなるまい。

第五節　大陸法と英米法

一般に大陸法と英米法とに大きく区分けできるが、英米法もまた英法と米法とかなり異なるようである。アメリカは周知のごとくイギリス（イギリス国教会）からカルヴァン派プロテスタントのピューリタンが建国した国家である。だが、いきなり国家として独立したわけではなく、アメリカに渡ったピューリタンは、さまざまな自由を求めて、目的、自由の内容が一致する仲間とともにそれぞれ当初一三州を作ったのであって、その各州を統治するにあたって、州の憲法をはじめとする法律をその都度制定していったのである。もちろん母国イギリスの法律を模倣、参考にしたに違いない。

だが、母国イギリスとフランス、ドイツといった大陸諸国の法体系はどのように異なるのだろうか。

「大陸法」体系と「英米法」体系の大きな違いは、裁判例すなわち「判例」と「国会等が作る法律」の位置づけにある。日本をはじめとする「大陸法」体系の国では、紛争の解決に当たっては、まず「国会等が作る法律」を検討し、「判例」は法律を補充する形で働く。「大陸法」体系の国でも判例は非常に重要な役割を果たしているが、「大陸法」体系の国は「まず法律の条文」に当たる、ということになる。

これに対して、アメリカをはじめとする「英米法」体系の国では、紛争の解決に当たっては、まず過去に類似の先例すなわち「判例」がないかを探す。もちろん「英米法」体系の国でも、「国会等が作る法律」は重要だが、歴史的に「判例」にしたがった判断がされている。そこで、「英米法」体系の国は「まず判例」ということになる。

このように、日本とアメリカでは、法体系が根本から異なっているので、条文の解釈を中心に学ぶ日本に対して、アメリカ法の学習は、数多くの判例を検討することが中心になる。

さらに、裁判所の出す判例といっても、英米法には、歴史的な経緯からコモン・ロー（common law）と呼ばれるものとエクイティ（equity＝衡平法）と呼ばれるものがあり、それぞれ別個の法体系を形成している。さらに、ロー・マーチャント（law merchant＝商慣習法）とカノン法（cannon law＝教会法）がある。これらもアメリカ法の理解を難しくしている。

アメリカにももちろん制定法はある。その中でももっとも有名かつ重要なものに連邦憲法がある。連邦憲法は、日本国憲法の制定にあたって非常に大きな影響を与えた憲法である。連邦憲法には制定当初は人権規定がなく、人権規定は修正条項として後付けされている。理由は、アメリカの歴史が深く関係しているが、連邦憲法は、もともと連邦と州の権力関係について規定することに重点が置かれていたこと、州単位でも憲法を有しているアメリカでは、連邦憲法は連邦の権限を規制しさえすれば十分であると考えられていたこと等が理由である。

以上を知ったうえで、さらなる理解を深めるためにはアメリカの歴史の理解が不可欠であろう。そのエッセンスだけを取り出せば、一七七六年七月四日、トーマス・ジェファーソンが起草し、プロテスタント的思想を体現して近代民主主義の原点、あるいは後のフランス革命に大きな影響を与えることとなったアメリカ独立宣言が採択された。しかし独立一三州合衆国はまだ緩《おだ》やかな連合体に過ぎず、内外に対する政策は州ごとに異なって混乱をきたしていた。そこで強力な統一政府が求められ、一七八七年に憲法制定会議が開催された。ここにおいて主権在民の共和制、三権（立法・司法・行政）分立、連邦制を基本とするアメリカ合衆国憲法が制定され、現代に至るアメリカ合衆国が誕生している。

大陸法と英米法との違いといっても歴史的にみても、フランス、ドイツに対するイギリス、そしてイギリスとアメリカの差異が認められ、考え方の上においても、その差異の克服など容易ではないことがよくわかる。まずはそのような差異があることを認めることから始めるほかないが、差異を認めただけでは現状維持というだけで何の進歩もなく、問題の解決にはならない。

英米法関係者からは異論、反論もあるであろうが、英米法を大陸法との間に齟齬《そご》をなくすよう改善するには、これからも長い歴史をかけ判例の積み重ねを整理し、制定法に昇華させるなどの努力を重ねていくしかないことは確かだ。ただいたずらに判例を積み重ねていくだけでは、常識的にいえば、過去の判例を参考にするだけでも膨大な判例を検証しなければならず、しかもその内容の差異も把握したうえで、当面の事件の判例を導き出さなければならないことになる。ひとつの条文やいくつかの判例をみるだけで、当面の事件の本質、解決策を見いだせることが望まれよう。

第六節　日本における比較法

右にみたように、現代社会において大陸法と英米法の差異の克服が問題になっているのだが、明治の近代化にともなって大陸法を継受した日本は、その後、特に第二次世界大戦の敗戦からアメリカの政治、経済、法律、文化を大量に受け入れることになる。戦争に負けたために、国のかたちを決める憲法さえも、それまでの明治憲法に変えてアメリカの主導によって作成された憲法を受け入れる以外になかった。

だが、憲法は変わったのであるが、その他の法律は、明治以来の大陸法を継受したままであり、法律のベーシックな考え方は大きく変わることはなかった。しかし戦後、日常的に、徐々に、法律の世界においてもアメリカの考え方が半《なか》ば強制的に入ってくるのである。だがここでひとたび立ち止まって考えるに、「アメリカの考え方が半ば強制的に入ってくる」ことは悪いことばかりではなかった。日本の市民はこれによって明治時代を含めて長い抑圧された精神史から解放されたように感じる人も多かったはずである。一般市民の多くが、戦争やそれを支配していた日本政府の抑圧から解放されてきたはずである。

だが、法体系においては、アメリカの占領政策や日米安保条約および日米地位協定などを背景に、またアメリカの経済政策やアメリカ業界団体の圧力などによって、アメリカ企業が日本市場において有利になるような圧力をかけてきたというべきであろう。それによって、日本はアメリカの要求を受け入れる場合、日本の法律を改正したり、新法を制定する必要が出てもきたのだ。そして日本政府は、それを阻止できないまま現在に至っているようにみえる。

また明治時代にヨーロッパ近代、法体系においては大陸法を継受したとしても、それまでの日本の歴史が二千年もあり、日本人の意識や精神が根底から覆《くつがえ》されたわけではない。またアメリカの文化一般が戦後急激に入って来たからといって日本文化がいきなりアメリカ文化になるわけではない。しかし、受け入れにあたって、そこには大きな抵抗があったり、大歓迎があったりするということである。このように日本には、明治のはじめに本格的にヨーロッパ近代と向き合い、敗戦後アメリカ文化と向き合い、おおいに刺激を受け、それを血肉化してきたことがわかる。

法律用語の中に、法源《ほうげん》という言葉がある。法の源（みなもと）ということであり、私たちをとりまく法律は一体どこからきているのかを考えた人は多くいるはずだが、法律以前としては、掟《おきて》、慣行などといったことをすぐ思いつく。掟、慣行、習俗等の類《たぐい》になれば、世界中の家族、氏族、部族、民族なりがみな持ち合わせている。人間の本質は、生命維持や生殖活動であり、その上にたって、家族、氏族、部族、民族の安全とその維持があったはずである。そのための規律としての掟、慣行、習俗などがあったことが理解できる。そしてそれは彼らにとって最も重要なものであるにちがいない。

法源には、宗教における信条や戒律も含まれる。私たちはイスラム法の存在は知っているが、その内容についてあまりにも勉強不足である。このイスラム法のもとになっているのがイスラム教の経典コーラン（クルアーン）である。コーラン（クルアーン）はムハンマド（マホメット：五七〇～六三二年）の言行録である。大木雅夫著『比較法講義』（東京大学出版会）は次のように述べる。「その大部分は、倫理的に正しく生きるための掟としての祈祷《きとう》、断食《だんじき》、巡礼等の儀式的慣行とか、弱者を助け、信義誠実をもって商いし、賭博を禁止するという類の教えである」（一四六頁）。現在、世界を震撼《しんかん》させているＩＳ（イスラム国）の所業からはまったく想像もできないイスラム法の考え方である。

世界にはキリスト教の他にもイスラム教もヒンズー教も仏教もあるように、多数の宗教が存在し、その戒律や教えがあり、それらに則《のっと》ってそれら社会が営まれていることに私たちは明確に気づいていなければならない。この地球上には多数の異なった人種、文化があるのだから、それらをお互いに尊重し合い共生していくしか方法はないはずだ。世界全体が平和に生きるためには取らざるを得ない道である。

ローマ法やそれを継受したヨーロッパ大陸法、その流れとしてのイギリス法、さらにその傍系としてのアメリカ法だけが法ではない。現在はこれらが主軸となって世界の法体系が構成されていることは事実であり、またこの方向性の中でしばらくはこの世界は発展するのであろう。世界には、ヨーロッパ以外にも多数の文化や法が存在することを忘れるわけにはいかないのだ。

第七節　文化多様性条約

現代社会とは、資本主義経済社会のことであり、資本主義経済社会は世界全体に行きわたってしまった経済社会である。その経済社会でリーダーシップをとっているのが、G7、サミットを構成する先進諸国である。世界に二〇〇か国存在したとしても、そのうちの五％にも満たない国々が世界の政治経済の枠組みを彼らだけで決めているようにもみえる。

ヨーロッパ合理主義精神を共通した考え方として持っているともいえよう。

だが残り九五%は文化も価値観も異なる国々、地域であり、この地球上でヨーロッパ人と同様に幸せを求めて生きていこうとする人びとが占めているのだ。世界の全人口が七二億人でヨーロッパ人を中心とするキリスト教徒が二二億人だとしても、キリスト教以外の宗教を信じたり信じなかったりする人びとが五〇億人も存在する。民族にしても言語にしても異なる多数が存在している。

このような状況の中で、それら異なる民族、宗教、文化、言語などを尊重し、彼らとともに生きていくことを提案しているのが文化多様性条約である。ユネスコ日本政府代表部（外務省管轄）は、ユネスコの主要な加盟国である日本がその責務を果たすために日本政府がパリに設立したわが国の在外公館の一つであるが、その最新情報（二〇一六年四月七日現在 http://www.unesco.emb-japan.go.jp/htm/jp/jouhou.htm）によれば「文化多様性条約は、正式名は『文化的表現の多様性の保護及び促進に関する条約』。各国が固有の文化表現の多様性を保護・促進するための文化政策を打ち出すことを奨励し、文化産業商品や文化サービスは経済的な価値だけでなく、文化的価値のある二重性をもつ特別なものであることを、国際的に認める条約。二〇〇五年に採択し、二〇〇七年に発効。現在は世界一四一カ国と

ＥＵが締結。日本は未締結」ということである。
ユネスコ（「国際連合教育科学文化機関」＝世界の各国民の教育、科学、文化の協力と交流を通じて、国際平和と人類の福祉を目的とした国際連合の専門機関）は文部科学省が窓口となっているが、「文化多様性条約」について、文部科学省のホームページ（http://www.mext.go.jp/unesco/002/004/1291784.htm）から以下を抜粋しておこう（二〇一四年四月七日現在）。なお日本ユネスコ国内委員会は文部科学省の特別の機関である。

文化的表現の多様性の保護及び促進に関する条約の締結に向けた取り組みについて（建議）

日本ユネスコ国内委員会

平成二二年三月二日、第一二六回日本ユネスコ国内委員会総会において、「文化的表現の多様性の保護及び促進に関する条約の締結に向けた取り組みについて」の建議が採択されました。この建議は、我が国としても各国、各民族が互いの文化を理解し、尊重し、多様な文化を認め合うことは重要であると考え、本条約の締結に向けて政府が積極的に必要な措置をとることを求めるものです。（以下略。建議は、三月八日に文部

科学大臣にわたされている）

文化的表現の多様性の保護及び促進に関する条約の締結に向けた取り組みについて（建議）

平成二二年三月八日

日本ユネスコ国内委員会

文化の多様性は、人類の固有の特性であり、人類の共同の財産を構成し、全人類の利益のために育まれ、保全されるべきものである。文化の多様性によって、選択の範囲が増え、人間の能力及び価値を育成する豊かで多様な世界を作り上げることは、地域社会、人々及び諸国のための持続可能な発展を推進する。民主主義、寛容、社会正義及び人々と文化との間の相互尊重によって繁栄する文化の多様性が地域的、国内的及び国際的な平和及び安全のために不可欠である。

また、文化的な活動や物品及びサービスは、個性、価値観及び意義を伝達することから、経済的及び文化的性質の双方を有しており、したがって、商業的価値を有することのみで扱われてはならない。情報及び通信に係る技術の急速な発展によって円滑化されたグローバリゼーションのプロセスは、これまでに例のない文化間の相互作用をもたらしているが、同時に、富める国と貧しい国との間の不均衡の危険性という、文化の多様性に対する試練をも課している。

ユネスコは、異なる文化間の相互理解を深め、寛容、対話、協力を重んじる異文化間の交流を発展させることを目的として、二〇〇一年一一月第三一回ユネスコ総会において「文化多様性に関する世界宣言」を採択した。それから四年後、二〇〇五年一〇月第三三回ユネスコ総会において「文化的表現の多様性の保護及び促進に関する条約（文化多様性条約）」が、我が国を含む一四八カ国が賛成して採択された。条約は二〇〇七年三月に正式に発効し、二〇一〇年二月現在、一〇七カ国及び欧州共同体が締結している。一方、我が国は、未だ締結に至っていない。

日本ユネスコ国内委員会は、我が国としても、各国、各地域が独自の文化を維持、発展させるとともに、世界の様々な文化の交流を通じて、各国、各民族が互いの文化を理解し、尊重し、多様な文化を認め合うことは重要であると考える。また、グローバリゼーションによって懸念される課題に対処する上でも、本条約は意義のあるものであると認識している。

こうした状況に鑑み、日本ユネスコ国内委員会は、「文化的表現の多様性の保護及び促進に関する条約」の締結に向けて政府が積極的に必要な措置をとることを要望し、ここに建議する。（以下略）

右を読む限り、世界は、世界中の文化の多様性を認め、それをお互いに保護しあっていこうとする姿勢が見える。一方でアメリカや日本はいまだこの条約を締結、批准していない。このアメリカや日本がなぜこの条約を締結、批准しないのか理由は明らかではないが、憶測すれば、アメリカはアメリカングローバリズムによって経済的にも文化的にも世界を席巻《せっけん》しようとするアメリカ経済界の意向のもとに、この条約を締結することによりアメリカ経済界に不利に働くことがないように締結を見合わせているかのようであり、日本はそのようなアメリカの圧力のもとに自粛しているかのように見えてしまう状況である。

この条約が、二〇〇一年一一月第三一回ユネスコ総会において「文化多様性に関する世界宣言」を採択したことから始まっていることは、この頃から世界が動き出している証左に他ならない。奇しくも二〇〇一年はイスラム教徒によってアメリカ貿易センタービルが攻撃された年であり、その意味は非常に大きいものとなっていく。

この文化多様性条約の精神を考えるにあたって、レヴィ・ストロースを想起せざるを得ない。レヴィ・ストロース（一九〇八～二〇〇九年）はフランスの文化人類学者、構造人類学の創始者である。

レヴィ・ストロースの初期の作品である『歴史と人種』（みすず書房）には以下の記載がある。一九五二年に、ユネスコは人種主義の偏見と闘うべき小冊子のシリーズを刊行していたが、本書はそのひとつである。

《野蛮人の習慣》、《それはわれわれのものではない》、《それは許さるべきではなかろう》等々、われわれとは縁のない生き方や信仰の仕方や考え方に当面して、これと同じような身震い、嫌悪をあらわす粗野な反応がいっぱいある。こうして古代は、ギリシア（次いでギリシア・ローマ）文化に属さぬものを、すべて同じ未開 barbare の名のもとに一括した。次いで、西洋文明は、同じ意味で野蛮 sauvage という言葉を用いた。これらの形容詞の背後には、同様の判断がかくされている。すなわち、未開《バリバール》という語は、語源的に、人間の言葉の意味値に反する鳥の啼声の不分明と不分節に関連しており、野蛮《ソーヴァージュ》という言葉は、人類文化に対立する動物生活の分野を思わせる。この二つの場合、ひとは、文化の差異という事実すら認めることを拒んでいるのである。自分たちが生きる規範と同じでないものは、すべて文化の外に、すなわち自然のなかに投返そうとするわけである（一六〜一七頁：荒川幾男訳）。

レヴィ・ストロースは、『親族の基本構造』の公表後、この『歴史と人種』を書き、後に『悲しき熱帯』、『野生の思考』などを世に出していくわけであるが、ヨーロッパ出身者であるも徹底して非ヨーロッパ社会であるブラジル奥地などの未開社会に身を置きフィールドワークを重ね、ヨーロッパ社会以外にもまったく異なった豊かな社会が広がっていることをヨーロッパ社会に知らせ続けてきた。さらにヨーロッパが、この非ヨーロッパ社会、未開社会をヨーロッパの一方的な考え方で壊滅しようとしていることを告発している。

レヴィ・ストロースの著作は、第二次世界大戦の終了直後のものであり、世界全体が、戦後の復興のために新たなヨーロッパの発展段階を迎えようとしている時期にあたる。世界全体は、レヴィ・ストロースの告発にもかかわらず、非ヨーロッパ、未開社会をさらに収奪、犠牲にして、一方的な物質的豊かさを手に入れ、地球全体を取り返しがつかないほど汚染し続けているようにみえる。

この文化多様性条約の思想的背景には、レヴィ・ストロースをはじめとする近代西欧思想に根底から疑問を呈する考え方が横たわっている。レヴィ・ストロースがフィールドワークした非ヨーロッパ社会は、確実に存在してきたのであって、これらの社会を犠牲にすることは、とりもなおさず、その社会を構成する人種、部族を滅亡へと追い込むことであり、その文化を収奪することであった。ギリシャ・ローマから続くヨーロッパの思想だけが人類を平和に導くものとは限らなかったばかりか、むしろ人類を破滅に追い込む思想でもあったかに考えられる。

本書は著作権に関する主題を扱っているのだが、ヨーロッパの思想だけが人類唯一の希望の思想ではない以上、他の思想、文化、すなわちさまざまな具体的学問分野、芸術分野の著作物や著作者を軽んずることなく尊重しつつ、ヨーロッパもそこから刺激を受ける構造をさらに構築、保持し続ける必要がある。著作権を考えるにあたって、まずは非ヨーロッパ、他者を認めることが重要である。

《引用文献》

山田奨治著『〈海賊版〉の思想～一八世紀英国の永久コピーライト闘争～』（みすず書房、二〇〇七年）
宮澤溥明著『著作権の誕生』（太田出版、一九九八年）
大家重夫著『著作権を確立した人びと』（成文堂、平成一五年）
大木雅夫著『比較法講義』（東京大学出版会、一九九二年）
レヴィ・ストロース著『歴史と人種』（みすず書房、一九七〇年）

《参考文献》

伊藤正己・木下毅著『アメリカ法入門』（日本評論社、二〇一〇年第四版）

第二章　著作者人格権

第一節　著作者人格権

(1) 著作者人格権の基本三条

著作者人格権は、内容を要約すると次表の三つの権利が基本である。

権利の種類	著作権法	権利の内容（要約）
公表権	一八条	自分の著作物を公表するか否か、いつ、どのような方法で公表するかを決めることができる権利
氏名表示権	一九条	自分の著作物を公表するときに、著作者名を表示するか否か、実名か変名（ペンネーム）かを決めることができる権利
同一性保持権	二〇条	自分の著作物の内容又は題号を、自分の意に反して勝手に改変されない権利

この著作者人格権には、公表権、氏名表示権、そして同一性保持権が定められている。

著作権法の目的は、文化の発展に資することに寄与することであるが、文化の発展のためにはこの著作者人格権を尊重することが非常に重要である。

この著作者人格権の定めは、条文においては財産権としての著作権の前に置かれているが、このことは、著作者の人格的権利をまずは尊重し、保護することにほかならない。著作物を生み出すのは、創作者としての著作者であり、思想、感情を創作的に表現する主体である。なによりも著作者が培《つちか》ってきた著作者自身の人格からその思想や感情をもとに著作物が生まれてくるからである。

このように非常に重要な著作者人格権であるが、この著作者人格権の公表権、氏名表示権、同一性保持権が侵害されることも多いのである。すなわち他人が本人の著作物を無断で公表したり、別の名前で氏名表示したり、著作物を無断で改変したりすることが起こる。いずれも著作者人格権を侵害することによって、侵害者が何らかの利益を得るようなことが起こるのである。これらの侵害行為によって著作者やその遺族が精神的に大いに傷をつけられることを問題にしている。

このことは自分が創作者すなわち著作者の立場になり、自分の作品（著作物）が、他人の手によって、無断で公表されたり、自分が知らない著作者名で表記されたり、改変、改ざんされたりすれば如何にショックが大きいかを考えればよく理解できる。

第一八条は、著作者人格権のうちの公表権について定めているが、著作者は、その著作物でまだ公表されていないものを公衆に提供（印刷物等の有形物として提供すること）し、又は提示（演奏、放送のように複製物以外の方法によって公衆に見せ、聞かせること）する権利を有する、と定めている。加戸守行著『著作権法逐条講義（六訂新版）』（以下加戸著『逐条講義』）によれば、いわゆる「著作者の内秘的自由を確保するための権利」である。著作者はその著作物によって、自分の思想・感情を外部的に表現するが、著作者の名声、地位、成功等は、どのタイミングでその著作物を世に出すかによって左右されることからもこの公表権が規定されている、と述べている。

第一九条は、氏名表示権についての規定である。著作物を公衆に提供・提示する場合、著作者の実名で行うか、変名（ペンネーム）で行うか、又は著作者名を表示しないで行うかを決めることができる権利である。これも、加戸著『逐条講義』によれば、「著作者と著作物の人格的不離一体性に着目し、その人格的利益を保護」するために、著作者がその著作物の創作者であることを主張することを認めている、と述べている。

第二〇条は、同一性保持権について定める。著作者がその著作物の同一性を保持する権利であり、著作物又はその題号に不本意な改変が加えられない権利を有する、と定めている。著作物は著作者の人格が具現化されたものであることから、「著作物に具現化された著作者の思想・感情の表現の完全性あるいは全一体性を保つ必要」があるという趣旨からこの規定がある。さらに、この同一性保持権の制定は、文化的な要請という観点もあるとして、「著作物が創作されると、それは著作者個人の財産であるとともに、国民にとっては文化的所産でもあり」、それを第三者が勝手に変更することは許されない、という判断が示されている。それは第六〇条における「著作者死後の人格的利益の保護」という形でも具体化されている。また、「題号は著作権法では原則、著作物として保護することはできないが、著作物の内容を集約して表現」しているものであるから、題号を無断で変更することは、著作者の人格的利益が大いに損なわれるという観点から、この第二〇条で保護をしている、としている。

ただし、第二〇条第二項では、改変が絶対不可でもない、ということが定められている。それは、学校教育の目的上やむを得ないと認められるもの、建築物の増築、改築、修繕又は模様替えによる改変、プログラムの効果的な利用に関する改変、そしてこれ以外にも著作物の性質並びにその利用の目的及び態様に照らしてやむを得ないと認められる改変が許されている。だが全体の趣旨を考えるなら、この改変の条件つき許容の項目も極めて厳格な解釈運用が求められる。

右記第一八条から第二〇条までのカッコ内の部分をもう一度確認してみよう。

第一八条「著作者の内秘的自由を確保するための権利」

第一九条「著作者と著作物の人格的不離一体性に着目し、その人格的利益を保護」

第二〇条「著作物に具現化された著作者の、思想・感情の表現の完全性あるいは全一体性を保つ必要」

「著作物が創作されると、それは著作者個人の財産であるとともに、国民にとっては文化的所産」

「著作者死後の人格的利益の保護」（第六〇条参照）

「題号は著作権法では原則、著作物として保護することはできないが、著作物の内容を集約して表現」

以上の著作者人格権の内容を見るに、第二一条から始まる財産権についての規定を考えるに当たっても、この著作者人格権と財産権との関係が一体となっていることが分かる。

確かに、著作者人格権も第一八条から第二〇条に分けて条文化され、また財産権についても各条文に分かれて定められてはいるが、全体的に著作者人格権と財産権を著作者と著作物の人格的不離一体性として捉える必要性があることや、著作者死後においても、著作者人格権が永久に尊重される必要があるという規定から考えると、やはり著作者人格権と著作財産権とは別物だなどと考えては、著作権法の在り方を見誤ることになる。

(2) 著作者人格権に関わる他の重要な条文

第一八条から第二〇条までを見たが、著作者人格権に関わる重要な条文は他にも定められている。

①著作者人格権の第四の権利（第一一三条第六項と第六〇条）

著作者人格権の第四の権利として、第一一三条第六項は、「著作者の名誉又は声望を害する方法によりその著作物を利用する行為は、その著作者人格権を侵害する行為とみなす」と定めている。

この第一一三条第六項の立法趣旨について、加戸著『逐条講義』は、著作物を創作した著作者の創作意図に疑いを抱かせたり、著作物に表現されている芸術的価値を非常に損なうような形で著作物が利用されたりすることを防ぐことにあるとしている。さらに本項の考え方は、ベルヌ条約のブラッセル改正条約以降の改正条約において規定された考え方に基づくものであり、著作者人格権の外延的なものとして、著作者の人格的利益の保護を万全たらしめようとしたものであり、日本は、著作者人格権に関する限り、国際的なレベルの高い内容のものを定めている、としている。

この第一一三条第六項の規定によって著作者人格権の侵害とみなされる行為は、第六〇条（著作者が存しなくなった後における人格的利益の保護）の規定により、「著作者が存しなくなった後においても」してはならない「著作者人格権の侵害となるべき行為」に含まれるから、公表権・氏名表示権・同一性保持権と同様に、「死後人格権」の一内容と概念できるとしている。

②著作者人格権の一身専属性（第五九条）

また、著作権法第五九条には、著作者人格権の一身専属性等の規定がある。

まずこの著作者人格権の一身専属性を定めた第五九条から見ておこう。

第五九条　著作者人格権は、著作者の一身に専属し、譲渡することができない。

著作者人格権は、著作者の人格に関わる権利であるから、著作者の死亡とともに無くなる権利である。その著作者の人格は、著作者自身にしみ付いた固有のものであるから、譲渡することができない。また、「著作者の一身に専属している」ということは、相続することもできないほか、他の者による著作者人格権の代理行使を認めないことも意味している。

だが、注意すべきは、加戸著『逐条講義』（四三〇頁）が「著作物の利用許諾契約や著作権の譲渡契約等において、『人格権を行使しない』という内容の不行使契約を行うことは可能であり、改変を伴う利用等が予想される場合には、そのような契約を予《あらかじ》め行っておく必要がある」と記している点だ。

これに対して斉藤博著『著作権法概論』は次のようにいう。

著作者人格権、とりわけ著作物の改変に関する同一性保持権の不行使をあらかじめ特約することの可否が論議されることがあるが、著作者がその著作物の未知の改変につきあらかじめ包括的に同一性保持権の不行使を約することは、人格権の性質に鑑みてできない。不行使特約という極端な語を用いずとも、著作物の「利用」に伴って生ずる改変に著作者が明示的または黙示的に「同意」する余地はあろう（七〇頁）。

これは一体どういうことだろう。加戸は「著作物の利用許諾契約や著作権の譲渡契約等において、『人格権を行使しない』という内容の不行使契約を行うことは可能であり」といい、斉藤は「著作者がその著作物の未知の改変につきあらかじめ包括的に同一性保持権の不行使を約することは、人格権の性質に鑑みてできない」というのである。確かに著作権法第五九条は「著作者人格権は、著作者の一身に専属し、譲渡することができない」と規定しているのであるから、同一性保持権の不行使特約はこの第五九条に反する。

だが著作権の現場では、「人格権を行使しない」という内容の不行使契約が行われているということになる。加戸はビジネスの現実を直視した上で、著作者、著作権者の利益と法の定めを比較して、そのようにいっていると思われる。だが、本当にそれでいいのだろうか。斉藤も明確な答えを示しているわけではないが、著作者人格権が軽視されていく過程はこのようなところにも垣間みることができる。

めること。

③著作者死後の人格的利益の保護（第六〇条）

続いて著作権法第六〇条は、著作者が存しなくなった後における人格的利益の保護を定める。

第六〇条　著作物を公衆に提供し、又は提示するものは、その著作物の著作者が存しなくなった後においても、著作者が存しているとしたならばその著作者人格権の侵害となるべき行為をしてはならない。ただし、その行為の性質及び程度、社会的事情の変動その他によりその行為が当該著作者の意を害しないと認められる場合は、この限りでない。

著作者人格権は一身専属性であることから、著作者が死亡してしまえばその保護の根拠は失われる。だが、著作物が著作者の人格の発露、思想・感情・精神の現れであり、ひとたび世の中に出されている以上、国民の文化遺産ともいえるものになっているわけで、一国の文化遺産である以上、国家的に著作者の人格的利益を保護する必要も出てくる。

この条文には期限の定めがないことから、著作者が死亡した後であっても永久にその著作者人格権は残されることになる。このことについては、財産権としての著作権の消滅に併せて著作者人格権も消滅させるべきであるなどとの議論は既になされている。著作権の存続期間（著作物の保護期間）は諸外国の多くが著作者の死後七〇年間、日本においては著作者の死後五〇年間が認められている（二〇一八年現在、七〇年への延長が国会で可決承認されている）が、著作者人格権の保護期間もこれに合わせるべきとの意見である。

だが、著作者人格権はベルヌ条約においても、日本の著作権法においても期限の定めがない。例えば『古事記』や『源氏物語』といった一〇〇〇年以上前の古典について、氏名表示権や同一性保持権といった著作者人格権を保護するといっても、考え方の上ではつじつまが合わないかもしれない。

これに対して著作権法はただし書きをつけ、著作者人格権の侵害となるべき行為の性質及び程度、社会的事情の変動その他によってその行為が著作者の意を害しないと認められる場合は、許されるとしているのである。『古事記』や『源氏物語』は日本においてばかりでなく世界においても文化的な遺産となっており、その内容は正しく後世に伝えていくという国家的な要請もある。著作者人格権は著作者の死後も永久に続くことは決して不合理な話ではない。

④著作者死後の人格的利益の保護措置（著作権法第一一六条）

もう少し著作者人格権について触れておかねばならない点がある。

それは、第一一六条に定める「著作者又は実演家の死後における人格的利益の保護のための措置」である。著作者についていえば、先に見たように著作者死後の人格的利益の保護は第六〇条に規定されているが、その人格的利益が害されたとしても、被害者である著作者が生存していない以上、現実に救済を求めることに理由がなくなってしまうことになる。そこで、著作者が死亡した後において、著作者名の表示が変更されたり、著作物の内容が改ざんされるようなことがあれば、著作者の意向を著作者に代わって、適切に代弁するべき者がこれらの侵害行為や侵害状態を防止し、原状回復ができなければ法制定の意味がないことになる。これが、第一一六条の制定の趣旨になる。

加戸著『逐条講義』（七九四頁）によれば、第一一六条は、遺族等による人格的利益の保全を規定しているとはいえ損害賠償請求権は認めていない（ただし、著作者生存中は損害賠償請求権は認められていることから、著作者生存中に損害賠償請求をしている場合は著作者が死亡した後でも、すでに発生している損害賠償請求権はそのまま遺族に引き継がれる)。結局、著作者死後、著作者の著作者人格権が侵害された場合、差止請求や名誉回復等の措置を侵害者に請求することはできても、民事上の損害賠償請求権は認められていないのである。

⑤刑事罰(第一二〇条)

一方、刑事罰を課すことは可能である。それが第一二〇条の罰則であり、この第一二〇条によって、遺族の気持ちは救われる。第一二〇条には「第六〇条の規定に違反した者は、五〇〇万円以下の罰金に処する」とある。この罰則は、本条の立法趣旨が死亡著作者の人格的利益の保護および死亡著作者の文化的遺産の国家的見地からする保護(加戸著『逐条講義』八二七頁)を目指すことに由来する。

(3) 著作者人格権を著作権法上に十分に定めていないアメリカ

いままで、著作者人格権の重要性を述べてきたが、この非常に重要な著作者人格権を著作権法上に十分に定めていない、アメリカの存在があることを忘れるわけにはいかない。しかも日本とアメリカは、日米同盟に象徴されるようにその関係性は非常に深いものがある。

アメリカは一九八九年にベルヌ条約に加入するが、その際、同国においても、著作者人格権は著作権法以外の法領域で保護され、ベルヌ条約の保護水準を満たしているという判断から加入が認められている。アメリカも、その後の立法で、著作権法の中に著作者人格権に関する規定をわずかに設けているとのことだが、著作者や著作物についての認識に、大陸法とは大きな差異があることは否定できない。

このことにつき、斉藤博著『著作権法（第3版）』（一四三頁）は以下のように指摘している。

英米法系諸国は、著作物の中に、録音物などの製作物をも含めてしまう。その結果、著作者の外延も広がり、精神的創作作業を行う自然人に限らず、法人等の製作者も積極的に含まれることになり、いきおい著作物が著作者の人格の発露である旨の認識も薄く、どちらかといえば、著作物（製作物）の経済的な側面に重きが置かれることになる。そのような状況の下では、著作者人格権は著作物の利用を妨げるものと映る。コモン・ロー諸国も、自らが加入するベルヌ条約が保護するものであってみれば、著作者人格権そのものを否定することはできず、ときとしてその権利の範囲を狭め、あるいは、制限する考えを示してきた。

また、岡本薫著『著作権の考え方』（岩波新書）では、国際条約であるＷＴＯ（世界貿易機関）の設立協定の一部としてアメリカの主導のもと締結され発効したＴＲＩＰＳ協定（知的所有権の貿易関連の側面に関する協定）の問題点、すなわち、人格権を保護する義務がないこと、実演者の権利が少ないこと、放送局の権利を保護する義務がないこと、が指摘されている。

斉藤博著『著作権法（第３版）』と岡本薫著『著作権の考え方』を併《あわ》せ読むことによって、著作者人格権の考え方をめぐって、日本とアメリカとの大きな違いや大陸法と英米法との大きな差異が認められ、国際著作権制度を複雑にしていることがわかる。

（４）著作者人格権と著作権はコインの表裏

このように、著作者人格権と著作権はコインの表裏のような深い関係にあることをまずは理解しておく必要がある。著作者人格権と財産権としての著作権とを意図的に切り離し、財産権である著作権にだけ着目し、財産権であれば、経済的に利用すること、もっといえば短期利潤追求型の新自由主義などといった経済活動の中に流通させ、著作者人格権が流通の妨げになっているとして、その権利を縮減させようとする傾向には異議を申立てねばならない。

先述のWTO・TRIPS協定が著作者人格権を十分に保護していないことが貿易という範疇《はんちゅう》ではあれ、矛盾を拡大しているように思える。日本の文化も後世に引き継いでいかなければならないように、世界のそれぞれ独自の文化を大切に保護していくことが重要であるにも拘《かかわ》らず、その根底にある著作者人格権を軽視したり無視したりすることは、世界から文化の多様性や人間の考える力を奪い、世界全体の文化的な潜在力を低下させることになろう。

第二節　憲法の定める基本的人権と著作者人格権

(1) 基本的人権とは何か

基本的人権とは、一般的には、人間が生まれながらに有している権利であり、人種・信条・身分などによって政治上・経済上・社会上の差別を受けないこととされている。よく引き合いに出されるのは、アメリカ独立宣言（一七七六年）やフランス革命（一七八九年）の人権宣言などにおいて自然法的に確立され、日本国憲法にも深い影響を与えているということだ。日本国憲法では、思想・信教の自由、集会・結社・表現の自由、拷問の禁止、黙秘権などを基本的人権として規定している。基本的人権は絶対的に尊重され、国家権力の介入から保護されなければならないという憲法上の原則と理解される。

(2) 人権とは基本的人権と同義

そもそも憲法で保障された基本的人権という概念の人権とはなんであるのか。それは人間が人間として生まれながらに持っている、しかも固有な権利であり、最も人間としての自然の権利である。これは人間としての基本的な権利であり、「人権とは何か」という問いは、「基本的人権とは何か」を問うことと同義でもある。

広い意味で人権の定義があり、その人権のうちで最も基本的なものを基本的人権と呼ぶべきであるが、諸々の人権すべてが重要な概念であることから、すべての人権が基本的人権と呼ばれることにもなる。

(3) 人格権とは何か

『法律学小事典』（第4版補訂版、有斐閣）は人格権について次のように解説する。

> 人の生命・身体・自由・名誉・氏名・貞操・信用など人格的な利益は、財産的な利益とともに、他人の侵害から保護されなければならない。これらを違法に侵害することは、〝不法行為〟となる。このように法的保護の対象となる人格的利益を総称して、人格権と呼ぶ。民法は、この種の人格権として、身体・自由・名誉だけを挙げている（民七一〇）が、それは例示であって、人格権には貞操・信用・氏名などが含まれると解されている。人格権を侵害すると、不法行為として〝損害賠償〟責任が生じるほか、〝公害〟事件など継続的な人格権侵害の事件では、人格権に基づく差止めが認められている（傍点は引用者による）。

「人の生命・身体・自由・名誉・氏名・貞操・信用などの人格的な利益」と記述され、「人権的な利益」とはいっていない。この解説者は、人格権と人権とを区別しているのだが、人格権と人権の相違については述べていない。この点については後にふれる。

（4）憲法で定める基本的人権

それではまず「人権」についてみよう。

日本国憲法は、国民主権、基本的人権の尊重、平和主義を定めているが、その中の基本的人権について芦部信喜は『憲法（新版）』（岩波書店）で、「基本的人権（fundamental human rights）は、人権（human rights）ないし基本権（fundamental rights）などとも呼ばれ、信教の自由、言論の自由、職業選択の自由などの個別的人権を総称することばである」（七三頁）、「日本国憲法が保障する基本的人権とは、人間が社会を構成する自律的な個人として自由と生存を確保し、もってその尊厳性を維持するため、それに必要な一定の権利が当然に人間に固有するものであることを前提として認め、そのように憲法以前に成立していると考えられる権利を憲法が実定的な法的権利として確認したもの、ということができる」としている（八〇頁、傍点は芦部による）。

右の芦部の主張は、まずは憲法一一条、憲法一三条などによって確認される。

憲法一一条〔基本的人権の享有と本質〕
国民は、すべての基本的人権の享有を妨げられない。この憲法が国民に保障する基本的人権は、侵すことのできない永久の権利として、現在及び将来の国民に与えられる。

憲法一三条〔個人の尊重、生命・自由・幸福追求の権利の尊重〕
すべて国民は、個人として尊重される。生命、自由及び幸福追求に対する国民の権利については、公共の福祉に反しない限り、立法その他の国政の上で、最大の尊重を必要とする。

(5) 人権と人格権の関係性

次にこの人権（基本的人権）と人格権との関係を見ておきたい。

①人権と人格権の同質性

芦部信喜著『憲法（新版）』は、「人格権と名誉・プライバシー」の中で次のように記述している。

各人の人格に本質的な生命、身体、健康、精神、自由、氏名、名誉、肖像および生活等に関する利益の総体は広く人格権と呼ばれ、私法上の権利として古くから認められてきた。名誉もプライバシーも人格権の一種であるが、前者は人の価値に対する社会の評価を言うのに対し、後者は社会的評価にかかわりない私的領域を言う。そこに両者の本質的な相違がある（一一九頁、傍点は引用者による）。

このように、「各人の人格に本質的な生命、身体、健康、精神、自由、氏名、名誉、肖像および生活等に関する利益の総体」を広く人格権と呼ぶのであり、命を奪われないこと、身体を傷つけられないこと、健康を害されないこと、精神を侵されないこと、自由を拘束されないこと、氏名を勝手に使われないこと、各人が持っている誇りや名声などを傷つけられないこと、自分の写真を勝手に使われないこと、自分の私生活を勝手に盗聴されたり覗《のぞ》かれたりしないこと等々であり、それらが権利（人格権）として保障されていることになる。

これらのことが侵害されれば、謝罪や原状回復を求め、損害賠償を請求できるということである。人類の長い歴史のなかで培われてきた英知の集積であるが、現実はその理想とは決定的に乖離《かいり》しているのであるから、不断の努力でそれを実現していかなければならない。

②人権と人格権の差異

そして、斉藤博著『人格権法の研究』（一粒社）は人権と人格権について、次のように述べる。

自然法論の中で次第に発展されてきた人格権が、いわゆる人権と果たしていかなる関連を有するものであるかについても若干考えておく必要があろう。すなわち、人格権を説く自然法論が、私法領域における人格価値の保護を考えているのか、それとも、もっと政治的な意図を以て、絶対主義国家の権力から各人の人格価値が保護されるべきことを考えているのかによって、人格権、人権、両者の関連付けはおのずと異なってくる（一九頁）。

もちろん、自然法論一般が人権理論の発展に与えた影響も決して無視しえない。

コーイングが「一八世紀の自然法論はたしかに人格の思潮と人権の思潮とを発展させた。しかし、両者を密接に結合させることなしに」と論じているように、自然法論そのものの果たした機能は二面性を有していた。人格権理論、人権理論は、同じく自然法学の中で育まれてきたとしても、それぞれ別個のものなのである。両理論がその発展の過程において共通の母体を有していたからといって、当時における両理論を混交して考えることは妥当とはいえない。続く一九乃至二〇世紀において、仮に人格権と人権を関連付けて考える者があったとしても、その尺度を以て一八世紀自然法論における人格権、人権両者の関連付けを断定することは当たらない。一八世紀自然法論の中で育まれてきた人格権論を眺める限りでは、そこに展開される個別的人格権論、さらには、その保護方法は、明らかにいわゆる私法的な制度として考えられているる。自然法論は、人格権の保護を政治的乃至は公法的側面から推し進めているわけではなかったのである（二一〇頁）。

人権の概念の公法的政治的性格を考える限りにおいて、人格権との対比が可能であるが、そもそも人権にそのような性格付けをしなかった場合、人格権との対比はできないばかりか、対比そのものも無意味となる。たとえばコーイングが「とにかくドイツ自然法論に欠けていることは、アングロサクソンの考え方に特徴的な、人権の政治的意義についての鋭い主張である」と論じている（H. Coing : Zur Geschichte）ところから考えると、ドイツ自然法論の場合、人権そのものの性格が他に比べ特異だったということになる（二〇頁〜二一頁）。

引用した三つの段落は、「人格権理論、人権理論は、同じく自然法学の中で育まれてきたとしても、それぞれ別個のものなのであ」って、「人格権を説く自然法論が、私法領域における人格価値の保護を考えているのか、それとも、もっと政治的な意図を以て、絶対主義国家の権力から各人の人格価値が保護されるべきことを考えているのかによって、人格権、人権、両者の関連付けはおのずと異なってくる」。そして「自然法論は、人格権の保護を政治的乃至は公法的側面から推し進めているわけではなかったのである」と説明している。

さらに要約すれば、絶対主義国家の権力から各人の人格価値が保護されるべきことを考えている場合は、それは人権の範疇《はんちゅう》に入るといえ、「コーイングが『とにかくドイツ自然法論に欠けていることは、アングロサクソンの考え方に特徴的な、人権の政治的意義についての鋭い主張である』と論じている」ところから類推するに、アングロサクソンすなわちイギリス系国家（特にイギリス、アメリカ）には、人権の政治的意義についての鋭い主張があると言っていることになる。

斉藤博が指摘するように、人権、人格権は明確に区別して定義されることもあるが、本書においては、斉藤の指摘を踏まえ、人権という言葉は公法的・政治的性格、例えば絶対主義王権に対して使う場合や政治的意味において権力から身を守るといった場合には人権という言葉を使い、他の一般的な人格権は私法領域における人格価値の保護を考える場合、人格権という言葉を使うことになるといっていいだろう。このような差異を前提にすれば、結局のところ、基本的人権は、人権、基本権とも呼ばれると同時に人格権とも呼ばれるといってよいのだろう。使い方によるといえる。

（6）基本的人権（一般的人格権）と著作者人格権

右の議論を踏まえれば、私たちが「憲法で保障された基本的人権」という聞きなれたフレーズは一般的人格権とほぼ同義であった。この一般的人格権は人格権全体をとらえる言い方であるのに対して、個別的人格権という言い方も当然にある。人格権は非常に広い範囲の権利を指し、時代状況、社会状況の変化とともにそれは新たに増えていくものである。肖像権、プライバシー権は時代状況、社会状況の変化とともに現れてきた個別的人格権のひとつであり、最近では静かに暮らせる権利などを含む環境権、日照権、情報権、アクセス権などが考えられる。

著作者人格権は、人格権のうち、著作者の人格に関わる権利について述べようとするものである。私たち一般人には、一般的人格権が基本的人権としても保障されているが、その一般人が著作者として認められたとき、すなわち著作権法で認められた著作物を創作したときから、著作者人格権が認められることになる。筆者の問題提起は、現代社会において著作者人格権が不当に軽視、無視されているという認識から出発して、著作者人格権がなぜこのように不当に扱われるかの原因・理由を明らかにした上で、その原因等を除去し、著作者人格権を〝復権〟させて、正当に評価したい、ということであった。

一般的人格権が基本的人権と同義であり、歴史的にも憲法で保障されてきた以上、著作者となったとたんにその〝基本的人権〟の保障が消滅するわけでは決してない。著作者とはいえ人間であり、憲法での保障は基本的には一生継続する。憲法で保障された基本的人権の保護範囲と著作権法での著作者人格権の保護範囲とは別枠で考える必要があると主張する学説等があるかもしれないが、まずは、人間としてその存在が認められ、生命、身体、自由等々といった基本的人権が認められたという基礎があって、そのうえにさらに著作者として、著作者人格権が認められていると理解することが自然であり合理的である。

右につき、再び斉藤博著『人格権法の研究』を引用する。

著作物は著作者の人格がほとばしり出たものである。著作者人格権により著作物を保護するといっても、それは、著作物の奥にあって、著作物を流出せしめた人格を保護することといえよう。著作物を保護することは、著作者の人格を保護する一つの方法であり、手段にすぎない。であるから、著作者人格権も、その保護対象は、究極のところ、著作者の人格ということになる。そして、もう一つ、分離説が、著作者人格権においては、著作者の著作物に対する関係が保護されると論ずるとしても、さきにも触れたように、著作物が著作者の人格の発露と解する限りにおいて、著作者人格権も著作者の人格そのものを保護する権利ということができるのである（二三二頁）。

一般的人格権が承認され、法体系の中に定着している今日においては、著作者の人格価値をも含め、すべての者の人格価値を、この一般的人格権を通して保護していくほうが妥当のように思う。この一般的人格権を具体化していく過程において著作者を含めたあらゆる者の人格価値が保護されていくことになる。そして、著作者人格権は右具体化の結果得られた一つの内容にすぎないのである。著作者人格権も、一般的人格権から導出される権利という意味で、個別的人格権なのである。そして、将来、著作物の利用形態が変わり、著作者の人格価値侵害の態様が変わってくれば、それに対処すべく人は新たな著作者人格権を認識することであろう。このような新たな権利も一般的人格権から導出されることになる。今日、制定法上規定のある公表権以下の権利のみが将来においても著作者人格権であり続けるわけではない(二三二〜二三三頁)。

第三節　著作権の制限と著作者人格権への影響

著作者の権利といえども、公共の福祉の前では、その著作者の権利は制限を受ける。著作者や著作権者に権利を控えさせるということである。それが著作権法第三〇条から第五〇条までの制限規定である。そして、第五一条は保護期間の原則を定め、著作権は著作者の死後五十年を経過するまでの間、存続するとあるが、これも期間という制限である。ここでは著作者の死後五十年という制限であり、著作権法第六十条が定める著作者人格権のように永久というわけではない。

著作財産権としての著作権の保護期間を延長することに反対する考え方がある。知的所有権は、分野によってその保護期間が異なるとはいえ原則的に有期限である。その理由は、知的所有権は、過去の文化的所産の影響を受け創作され、また発明等されたものであり、過去の文化的所産の影響を受けている以上、その創作者等の完全な独創性に基づくものではない、よって新たな創作物といえども、その保護期間に限定を加え、有期限にし、期間の満了後には公有財産として、全ての市民の財産とすることが望まれる。そうすることによって、公有化された知的財産をもとに、また新たな創作物ができることを促進する可能性が高くなり、それをさらに公有化し社会還元することがよりよい文化をつくることに繫《つな》がるからだとするものである。

このように、保護期間が満了し著作権が消滅した著作物は、公有財産として誰でも自由に使えることから、その著作物を自由に利用し、また改変し、新たな著作物（二次的著作物）を生み出すことによって新たな経済効果を生み、これは保護期間を延長するよりも高い経済効果を生む可能性が高く、さらに文化も発展するとしている。

そして、現実的な問題として、所有権が原則として永久に継続するものに対して、著作権は、その保護期間を永久と定めているイギリスピーター・パン法などを除けば、現在の世界の国、地域で、その保護期間を永久と定めているものはない。

日本における著作物の保護期間（著作権の存続期間）の延長問題は、文部科学省の文化審議会で足掛け一五年以上にも亘《わた》り議論が継続されてきたが、ベルヌ条約に加入している一六四か国のうち既に七〇か国が七〇年に延長している（二〇一〇年七月現在）にもかかわらず、結論を見出せていなかった。だが、TPP交渉の過程でやっと五〇年を七〇年に延長して国内法である著作権法を改正したが、その施行はTPP発効後ということから、アメリカがTPPから脱退してしまった二〇一七年一〇月現在、宙に浮いたままの状態になっていた。

保護期間は満了すると、毎年一二月三一日をもって著作権が消滅し、基本的にはそれは復活しない。世界に誇れる日本の著作物も数多く含まれるが、著作権が消滅することによって、その著作物は公有財産となり、誰でも自由に利用することができるようになる。著作権が消滅しなければ、遺族がその財産権の恩恵を受ける可能性は残され、また著作者人格権、特に同一性保持権も存続され、著作物を大切に扱うということが継続される。著作物の保護期間が延長されることは、日本の文化を守り、発展させる上でも極めて重要なことである。

人間は経済効果だけを追及して生きているわけではなく、やはり、基本は、オリジナルな著作物を創作することによって、人に影響をおよぼすことが、人間を豊かにし、豊かな人間関係と平和な社会をつくることに通ずると考えられるからだ。

第四節　著作者と著作物との関係

第二節（6）「基本的人権（一般的人格権）と著作者人格権」から、斉藤博著『人格権法の研究』を再び引用する。すなわち「著作物は著作者の人格がほとばしり出たものである。著作者人格権により著作物を保護することは、著作者の人格を保護するといっても、それは、著作物の奥にあって、著作物を流出せしめた人格を保護することといえよう。著作物を保護することは、著作者の人格を保護する一つの方法であり、手段にすぎない。であるから、著作者人格権も、その保護対象は、究極のところ、著作者の人格ということになる。そして、もう一つ、分離説が、著作者人格権においては、著作者の著作物に対する関係が保護されると論ずるとしても、さきにも触れたように、著作物が著作者の人格の発露と解する限りにおいて、著作者人格権も著作者の人格そのものを保護する権利ということができるのである」、と解説していた。

だが公表された著作物を公共財としてみたとき、みる側にとっては本物の著作物を見たいのであって、同一性保持権が侵害され、その著作物が改ざんされたものを見たいわけではない。このように既に公表された著作物は著作者の手を離れ、すべての人の前に立ち現われ、それなりの影響を与えることになる。この段階では、著作物は著作権者の私有財産ではあるが、多くの人がこの著作物によって生きる勇気を与えられることもあり、すべての人の共有財産といってもいいことになる。

このように著作者人格権は、まずは一般的な人間の人格権として保護し、さらに著作物を生み出した著作者の人格的な権利を保護するという極めて深淵《しんえん》な意味深い保護が与えられている。

著作者と著作物の関係は、母子の関係を類推させる。母親はわが子を自分の命と引き換えに守ろうとさえする。母と子は切っても切れない強固な関係にあるのだ。その子供を理由もなく殺されたり傷つけられたりするのは耐えられないことである。著作者と著作物の関係もこれと同様で、著作物そのものが傷つけられないようにすることはもちろんのこと、併《あわ》せてその著作物を生み出した著作者の感情や思い等、人格全体を保護する必要があるといえる。

第五節　パロディとは何か――同一性保持権と表現の自由

パロディ（Parody）について基本的なことを、まずは理解しておきたい。

有名な作品の文体・韻律・曲をこっけいにまねたもの。諷刺と文明批評の要素を多く持つ（新明解国語辞典第五版　三省堂）。

文学作品の一形式。有名な文学作品の文体や韻律を模し、全く反する内容を読み込んで滑稽化・諷刺化した文学。わが国の替え歌・狂歌などもこの類（広辞苑第二版　岩波書店）。

また、斉藤博著『著作権法概論』（勁草書房）は、「パロディは、本来、既存の表現物を批評し風刺したり、既存の表現物を素材として利用しつつ世相や社会的事象などを批評し風刺するもの」（八二頁）としている。

これらを見ると、既存の表現物（著作物）があり、それを土台にして世相や社会的事象を批評、風刺することになる。だが、土台となる著作物には、原作者、原著作者が存在するわけであって、この原著作者が自分の作品（著作物）が改変され、多くはおもしろおかしく再表現されるとき、このパロディは面白いと感じたり、ひどい風刺だと感じたりするのだろう。だが自分の著作物が改変され、その改変に異議を申し立てることは可能だ。それは著作権（著作財産権）では翻案権（第二七条―自分の著作物を勝手に翻案されない権利）であり、著作者人格権では、同一性保持権（第二〇条）で自分の著作物を改変されない権利が認められているからだ。

筆者は、新聞紙上で、時の政治家等著名人を風刺した漫画を目にするが、非常に良く表現されていて妙に共感を覚えるものがある。これは、一つの表現物、美術の著作物といえるのであろう。その風刺画に表された社会批評には多くの読者を納得させ共感させる力があり、場合によっては社会変革の原動力の一つともなり得る。

この風刺が許されるように日本国憲法第二一条は、表現の自由を保障している。だからといって無制限に表現の自由が認められているわけではない。表現の自由は基本的人権の一つであるが、人権はあくまでも一人の人間、個人の人権であり、個人個人が勝手なことをやれば社会が混乱するように、各人が思ったことを自由に表現すれば、やはり社会がおかしくなることは明らかだ。やはりよく使われる言葉として「公共の福祉」の前には、表現の自由も制限されなければならない。例えば性表現や名誉毀《き》損《そん》的表現を無制限に認めていけば社会的秩序が覚束《おぼつか》なくなるのは必然であるだろう。性表現に対する制限は、青少年の情操教育にとって必要という考え方が支配的であるが、だがどこまで規制するかの範囲の限定は難しいし、名誉毀損的表現の制限の範囲を限定することも難しい。よってこれらに関する裁判やその判例も多くなるわけである。

著名人に対する風刺に対して、その著名人はその風刺画に対して、名誉毀損等の訴えを起こすことは可能であろう。一方原著作物に手を加え、改変した場合、原著作者が著作権法の定め（翻案権、同一性保持権、氏名表示権）を根拠にして異議申し立てをすることは当然に可能である。

パロディは、原著作者の許諾を事前に取り付けるなどといったことにはなじまないことから、前出の斉藤著『著作権法概論』はつぎのように記述する。

そこで、立法により、パロディを新たなジャンルの二次的著作物と認め、著作権および著作者人格権の制限や例外を定めることはどうか。それは、わが国の精神風土や文化面の意識、美的センスがどこまで成熟し、洗練されたものかを見極めながらの判断となろう（八三頁）。

もっともな指摘である。筆者の気持ちからすれば、様々なパロディは見たいが、自分が行なうとなると非常に勇気がいるように感じる。訴えられ敗訴することもありうるし、ムハンマドの諷刺画などによってイスラム教徒やイスラム過激派への挑発をくりかえしたパリ週刊誌が銃撃された事件などを考えると、日本においてさえ、場合によっては暴力的に報復される可能性さえあるのだから。

《引用文献》

加戸守行著『著作権法逐条講義（六訂新版）』（著作権情報センター、平成二五年）
斉藤博著『著作権法概論』（勁草書房、二〇一四年）
斉藤博著『著作権法（第３版）』（有斐閣、二〇〇七年）
岡本薫著『著作権の考え方』（岩波新書、二〇〇四年）
『法律学小事典（第４版補訂版）』（有斐閣、二〇〇八年）
芦部信喜著『憲法（新版）』（岩波書店、一九九七年）
斉藤博著『人格権法の研究』（一粒社、昭和五四年）

《参考文献》

半田正夫著『著作権法概説』（第14版、法学書院、二〇〇九年）
松田政行著『同一性保持権の研究』（有斐閣、二〇〇六年）
堀之内清彦著『メディアと著作権』（論創社、二〇一五年）

第三章　著作物の価値

第一節　著作物とは何か

著作物とは何か。重要な点であるので、著作権法の定義を見ておこう。著作権法の第二条はこう定義する――「著作物」とは「思想又は感情を創作的に表現したものであって、文芸、学術、美術又は音楽の範囲に属するものをいう」。そして著作権法は、この「著作物」の例示を第一〇条でおこなっている。

一　小説、脚本、論文、講演その他の言語の著作物
二　音楽の著作物
三　舞踊又は無言劇の著作物
四　絵画、版画、彫刻その他の美術の著作物
五　建築の著作物
六　地図又は学術的な性質を有する図面、図表、模型その他の図形の著作物
七　映画の著作物

八　写真の著作物

九　プログラムの著作物

第一〇条はあくまでも例示であって、右記の例に属さぬ「著作物」も大いにあり得る。重要な点は、著作物とは、「思想又は感情を創作的に表現したもの」ということだ。考えていること、気持ちなどを具体的に表現する必要がある。人の考えや気持ちは、右記に例示したような「著作物」を介して表現せねば他人には理解されないというべきである。しかもその表し方が創作的であらねばならない。創作的であるとはどういうことか。現行の著作権法の起草者は「これは作品に何らかの知的活動の成果、つまりクリエーティブなものがなくてはならないという考え方」であるとしている（加戸守行著『著作権法逐条講義（六訂新版）』二二頁）が、これは少しばかり説明不足であろう。ほとばしる感情や狂気性などが表現されるとき、それに知的活動があるなどとは必ずしもいえないからである。それに創作的に表現することと「クリエーティブなもの」という説明はトートロジー（同語反復）というべきで、結局なにも説明していないことになる。

人間一人ひとりの個性が異なっていることは誰しもが認めるところである。その人、その人の人生経験も異なるのであって、その時の思想や感情や表現する技量が異なっていれば、表現されたものが独自なもの、オリジナリティあふれるものになっているはずだ。ここには様々な要素が入ってくる。児童が描く絵や言葉が世界を感動させる芸術作品になることもあれば、小説を何回書いても、美術学校を卒業した人間が絵画をいくら描いても高い評価を受けないことはよくあることである。だが双方とも「著作物」といえる。しかしオリジナリティ、創作性があるということが重要であって、他人の作品を模倣《もほう》していたのでは「著作物」とはいえないということである。ゴッホのひまわりの絵を、ゴッホと同じように油絵で描いたとしても、それは絵画ではあれ「著作物」とはいえない。描く人間の「思想又は感情を創作的に表現したもの」にならないからである。

重要なことは、独創的に、オリジナリティあふれるかたちに創作された「著作物」によって、私たちは感動し、勇気をもらい、明日への生きる希望を得られることだ。「著作物」とはそのようなものでなければなるまい。

第二節　著作者とは何か

第一節で著作物とは何かについて考えたが、著作権法の第一〇条に例示された「著作物」には、その著作物を創作した人、創作者すなわち著作者がいる。著作物が創作される方法は一様ではない。もちろん一人で創作することが多いであろうが、二人以上で創作される場合もあるであろう。あるいは会社、法人が命令して従業員に創作させる場合もある。そしてそこには賃労働者であっても創作者すなわち著作者が存在する。

著作者とは何か。著作権法の定義（第二条一項二号）によれば「著作物を創作する者をいう」と無味乾燥な説明があるだけであり、起草者もほとんどふれていない（加戸著『逐条講義』）。

このような説明の仕方では、何か重要なものが欠落しているように思えてならない。むしろ著作物の定義にもどり、著作物とは「思想又は感情を創作的に表現したもの」であるのだから、著作者とは、「思想又は感情を創作的に表現する者」と表記した方がいいのだろう。

さらにいえば、著作物の例示に従えば、小説家・脚本家・学者・作詞家・作曲家・編曲家・画家・版画家・彫刻家・建築家・映画監督・写真家・プログラマー・漫画家、等々が著作者の例示となるであろう。このように例示・列挙すると著作者とは何かの具体がわかってくるし、小説家はどんな暮らしをしているのか、あの小説家のあのタイトルの本はどのようにして生まれてきたのか、なぜあのような小説が書けるのか、などを想像しやすくもなる。作曲家についても映画監督にしても、写真家にしても同様に、その人が持っている人間性、思想、感情、表出・表現の方法、その技量などが具体的に明らかになってくる。著作者とは「著作物を創作する者」をいう、という法律条文の抽象的な定義とは明らかに異なった、極めて人間臭い著作者が姿を現わすのだ。法律の条文は人間臭さ、形容詞や副詞を捨象《しゃしょう》した表現で構成されているが、その背景には血も涙もある、我々と同じ世界に実際に暮らしている生々しい人間が存在することを思い起こすことができなければならないはずだ。

著作物とは、「思想又は感情を創作的に表現したもの」であり、著作者とは、「思想又は感情を創作的に表現する者」とすれば、つぎに著作者の思想又は感情とは一体何かということになる。

思想とは何であろうか。『広辞苑（第二版）』（岩波書店）によれば、つぎのとおりである。

①かんがえ。考えられたこと。意見　②（哲）㋑判断以前の単なる直観の立場に止ま

らず、このような直観内容に論理的反省を加えてでき上がった思惟の結果。思考内容。特に体系的にまとまったものをいう。㋺社会・人生に対する全体的な思考の体系。社会的・政治的な性格をもつ場合が多い。

右記を解説するまでもないのであろう。著作物とは、「思想又は感情を創作的に表現したもの」であり、著作者とは、「思想又は感情を創作的に表現する者」であるなら、例えば「社会・人生に対する全体的な考え」を創作的に表現する者になる。小説、絵画、映画、写真等々には「社会・人生に対する全体的な考え」が表現されていることになる。

もうひとつ「感情」とは何であろうか。私たちは「感情」などという言葉を辞書で引くこともめったにない、わかっているつもりの言葉であるが、これもまたこの『広辞苑』で引いてみよう。

①きもち。こころもち。感じ。②〔心〕「快い」「美しい」「感じが悪い」などというような、主体の情況や対象に対する態度あるいは価値づけ。心理現象のうちで、とくに主観的な側面。

右のとおり、小説家や画家が、「快い」「美しい」「感じが悪い」などと感じた心理現象を言語の著作物や美術の著作物に描き出すことになる。こころ、こころもち、心理現象など、こころに去来《きょらい》したことを表出・表現するということになる。意識、無意識の世界が表出・表現される、ということになるのだろう。

自分のことを考えればわかるとおり、人間は、正義感や道徳感に充《み》たされているときもあれば、そんなに正義感や道徳感があるわけではなく、時にはいやらしいことや不埒《ふらち》なことも考えるし、ずるく振る舞ったり、暴力的に振る舞ったりすることもある。何かを感じ憤《いきどお》ったりすることもあれば、情けなくなったりもする。非常に複雑で自分の感情をコントロールすることが難しくなることもある。人間とはこのようなものであり、このような人間の心が生み出すものが「著作物」というわけである。

著作者とは人間そのものであり、おどろおどろしい精神世界をもつものである。だが「著作者」たる人間は否定的な精神状態に常にあるわけではなく、先に見てきたような思想としての「社会・人生に対する全体的な考え」や感情としての「主体の情況や対象に対する態度あるいは価値づけ」に動機づけられて、よりよい社会を求めて表出・表現し得る存在なのである。高い報酬や復讐心に駆られて、人を殺すための兵器を研究し、それを論文として表すこともあるかもしれない。だが「著作者」は人間であるがゆえに、それさえも否定し、よりよい社会を目指して表出・表現することができる。

著作者とは何かについて考えてきたが、著作者とは人間であり、私たち自身である。おどろおどろしい存在にも成り得る。だが、それでもよりよく生きようとし、それを表出・表現する存在なのだ。私たちは、「著作者」としての人間に、そうした表現を期待すべきであろう。

第三節　著作物の創作

著作物と著作者について考えてきたが、こんどは、この著作物がどのようにして著作者によって創作されるのかについて考えてみたい。小説家・脚本家・学者・作詞家・作曲家・編曲家・画家・版画家・彫刻家・建築家・映画監督・写真家・プログラマー・漫画家など著作者を例示してみたが、彼らの生活の場や創作現場で著作物がどのように創作されていくのかは、身近に彼らがいない限りわかりようがない。たまにテレビなどで、著作者の紹介番組がされることがあるが、その番組を見ることによって、あの作品は、そのように創作されたのかなどと感心したりして理解することはある。

著作者、芸術家はたいていは極貧生活の中で作品を生み出しており、多くの場合決して裕福になれない。その作品が世の中に認められたのは本人が死んでから何年も経ったのちだった、という事は珍しくない。キャンバス（油絵用の画布）を入手できずに段ボールやベニヤ板や布や壁に絵を描いたり、絵具《えのぐ》の代わりに何々を使ったりしたということもある。成功して裕福な生活をする芸術家もいないわけではないが、苦労話が圧倒的に多い。だからどうした、と言われるかもしれないが、そうした境遇で創作された作品が芸術的に、学術的に高い評価を受け、また人に感動を与え、よりよい社会の構築にむけて影響を与えているということは理解しておく必要はある。著作物を創作するということは人間として尊い行為である。

第四節　著作物の評価

創作された著作物は、どのようにして私たちの前に現れるのか。これも当然に芸術分野、学術分野によって異なってくる。だが流通ともなれば、その著作物をめぐって経済活動が開始されるとみることができる。つまり芸術作品や学術論文が高く売れるか否かの問題になってくる。そこには広告活動があり、その道の専門家がそれら作品や論文に対して高い評価を下すなら、世間もそれに従って、評価はますます高まるし、○○賞を受賞したりすれば、著作者は経済的に保障される場合もあるだろう。

だが一方で、その作品を世に出すための経費やそれによって著作者以上に利益をあげる仲介者が立ち現われる。ここでは売れるか売れないか、費用対効果が高いか低いか、などが問題の中心となり、著作者の意向などは無視されがちになる。文芸における芥川賞や直木賞といった有名な賞を受賞した作家であればともかく、受賞作品などない作家や著作者などは、印税さえ得ることができない場合もあるだろう。これでは作家活動、著作者として生活が成り立たないというべきで、多くはアルバイトを強いられるか、転職せざるを得ない状況になっているように思える。この問題はずっと改善されていないし、改善の方法もない。しかし彼らは書いて書いて書き続け、何かのチャンスを待つということなのだ。

第五節　著作物の使用価値と交換価値

著作物と著作者の定義、そして著作物の創作と評価について考えてきたが、つぎは著作物の価値について考察しよう。

マルクス経済学者宇野弘蔵は『価値論』（こぶし書房）の中で以下のように述べている。

骨董品の価格の形成をわれわれの生活必需品、たとえば食糧品や衣料品の価格形成と同じ原則によって説明しようとすれば、食糧品や衣料品の価格も、骨董品の価格と同じ売買関係によって説明するほかはない。それはまったく商品の生産的基礎を遊離することにならざるをえない。かかる方法が、骨董品の価格を説明したとしても――しかもその説明はわれわれの常識を多少学問的なことばによって扮装するにすぎないものであって、総じて学問とはいいえないのであるが、これによっていかなる犠牲を支払うものであるかということは、説明をようしないであろう。それはまったく経済学を放棄するものである。われわれとしては骨董品の価格を説明しえたと思う満足をうるために経済学を放棄することはもちろんできない。

しかも実際はかかる抽象的方法によっては、骨董品の価格自身をもじつは十分に説明しうるものではない。それは食糧品や衣料品のごとき生活必需品の価格と対照せられてはじめてその意義を明らかにしうるのであって、これらのものの社会的意義の相違を無視した一原則では、なにものをも説明しえないのである。あらゆるものを一挙に説明しうる原則は、じつは原則でもない（三〇～三一頁）。

ここで宇野は、食糧品や衣料品といった生活必需品と骨董品を同じ価値原則で比較することはできない、としている。市場に売りに出されているからといって、どのような商品でも必ずしも同じ原則・基準で価値を比較することはできない。様々な商品があるが、それは資本主義社会のもとでは、賃労働者が一定の労働力を投下して生産した生産物を、資本家が剰余価値を付加して商品として販売するという原則の中で、経済学の原理を考えるということになるのか。そうしなければ、様々な要素を無原則に取り入れることになり、学問として、経済学として、成り立たないと宇野は言う。

資本主義社会のもとでは、資本家と賃労働者という階級関係のなかで生産される生産物、すなわち「商品」の価値が問題となるのであって、その商品のもともとの価値というのは労働者の労働時間に他ならない。

資本主義社会において、資本家と、労働力の提供に対する賃金を資本家から得て生活の糧としている賃労働者との関係の中で、投下労働時間こそが、商品の価値の源泉であるのだろう。その商品の「価値」であるが、商品をそのまま使用するときの「使用価値」もあれば、その価値と同等の価値を有すると思われるその他の商品や貨幣と交換するという「交換価値」をもっていることになる。しかしながら、この枠組みから外れる生産物や商品もあるのだ。もちろん先に述べた骨董品は当然のことながら、学術論文・小説・俳句などの言語による著作物や、絵画・彫刻といった美術の著作物・写真・漫画・書・映画など芸術作品などと呼ばれる著作物である。

労働時間の投下量で根源的な「価値」が定まる、という言い方をあてはめてみると、例えば、絵かきが一日一〇時間かけて五日でかき上げた絵画があるとすれば、その絵画の価値は五〇時間投下労働量の価値があることになる。一人の労働者が五〇時間かけて作った小麦粉五〇キログラムは同じ価値ということになるが、少し違和感が残る。仮に、同じ価値としたとき、絵かきの描いた絵画と小麦粉五〇キログラムの交換が成り立つのなら、それはそれでいいのだろうが、これが普遍性をもつのか、経済学として成り立つのかといえば、何か違和感がどうしても残るのである。

また一方で、絵かきが描いた絵画の「使用価値」とは何かという問題がある。芸術作品一般にいえることは芸術作品にはそれを鑑賞する公衆が存在することである。すなわちその「使用価値」とは、その絵画を楽しむことになる。そして「交換価値」は、その絵画に投下された労働量に等しいものと、いえるのか否かということになる。

ここでは、あまりにも漠然とした議論に陥りそうなので、これ以上論を進めることはしないが、別の視点から考えてみる。中沢新一編著『吉本隆明の経済学』（筑摩書房）には次の記載がある（引用部分は吉本隆明の発言）。

ところで、スミスが「使用価値」と「交換価値」を説明するのに出してきた概念は、スミスが最初の発想ではありません。これは（マルクスも記していますが）、アリストテレスが『政治学』のなかですでに出している概念だといえます。ものの役立ち方にはふたつあって、ひとつはそのものとして役立たせるということだし、もうひとつはものをほかのものと換えて役立たせることだ、事物にはかならずこのふたつの役立たせ方があるというように、アリストテレスはのちの「使用価値」や「交換価値」の概念がすぐに出てくるような、はっきりしたいい方でいっています（七四頁）。

スミスもやはりそういうものからつぎつぎに、感覚とか感情とかをしぼりこみ、削り落として、「交換価値」とか「使用価値」という経済学上の概念を作っていったとおもいます。

ところで問題なのは、スミスがそうして「価値」概念を作ってしまったとき、すでにもう人間が〈なにか知らないけど大切なものだ〉というイメージでおもい浮かべるものから、なにか重要なものが抜け落ちています。こぼれ落ちてしまっているのです。そうすると、こぼれ落ちてしまったものは、ふたたび経済的な範疇にたいしてどこかで逆襲（復讐）するにちがいありません。まずアダム・スミスが『国富論』で近代的な経済概念をはじめて作りあげた、そのところですでに、そういうこぼれ落ちていったものが、経済学的範疇を至上のもの、いちばん重要なものとしてかんがえる考え方にどこかで復讐することがある。そんなことがかんがえられます。

このばあいこぼれ落ちた部分をもとにして、それになにか別の形をあたえていったものが、たとえば文学であり、絵画であり、音楽であるといえましょう。それらが経済学、あるいは経済概念にたいして復讐をしているのか、または調和を求めているのかかわかりませんが（それはさまざまなばあいがありうる）、とにかくそういう形で経済の範疇から離れていって、別の分野を作っているといえるとおもいます（七六〜七七頁）。

これはとても重要な視点である。スミスがこうして経済学上の「価値」概念を作ってしまったとき、すでにもう人間が「なにか知らないけど大切なものだ」、というイメージでおもい浮かべるものから、なにか重要なものが抜け落ちていた。そのこぼれ落ちた部分をもとにして、それになにか別の形をあたえていったものが、たとえば文学であり、絵画であり、音楽である、と吉本は指摘しているのである。

ヨーロッパ合理主義の始祖たるアリストテレスがすでに唱えていたという、この使用価値・交換価値の考え方は、早くもアリストテレスの時代から、何か重要なものを捨象してきたことを象徴しているのであろうか。だからこそ、その反動として古代ギリシャ・ローマ時代に作られた彫像や建築物といった偉大な芸術が、後世の人類世界に遺《のこ》されることになったのであろうか。

いずれにしても文学・絵画・音楽といった芸術の世界は、経済学を含む学問体系とは別の体系であって、学問体系の価値と芸術体系の価値とを比較することの難しさがそこに横たわっているのだろう。

第六節　著作物の文化的価値——デイビット・スロスビーの主張をめぐって

前節で見たように、吉本隆明が指摘したのは要するに、「ものの役立ち方には二つあって一つは『使用価値』であってもう一つは『交換価値』であり、この価値概念を作ってしまったとき重要なものが抜け落ち、その重要なものが芸術であり、経済概念に対して復讐している」ということである。

この「使用価値」「交換価値」という経済概念に対して、芸術的な価値とでもいうべき価値概念があらわれてくる。それがデイビット・スロスビーがいう「文化的価値」である。

(1)　文化的価値

一般的に、建造物・絵画・彫刻・版画・写真・音楽・小説といった著作物の価値がどの程度のものかを推《お》し量《はか》ることは難しい。この難問を解くために、経済的価値と文化的価値を分離して推測する方法がある。

著作物の経済的価値についての議論は経済学者の職業的領分ということになるのだろうが、著作物の文化的価値についての議論は大きな困難を伴っているように思える。そうした状況の中で、オーストラリアの文化経済学者のデイヴィッド・スロスビーが著した『文化経済学入門』（原著タイトルの直訳は「経済学と文化」。日本経済新聞社）が非常にわかり易く解説している（五六〜五八頁）。

文化的価値の概念を、少なくともいくつかのより重要な構成要素に分解することを試みるという方法で、先に進むことができる。よって網羅的ではないかもしれないが、例えば芸術作品を、以下のようなものを含む文化的価値を提供するものとして表すことができるかもしれない。

（a）美学的価値　美学的な質という捕まえどころのない概念を、それ以上分解することを試みるのではなく、美、調和、形式その他の作品の美学的な性質を、作品の文化的価値の一般に認められた構成要素として一応見なすことができる。作品の美学的な解釈には、スタイルや、流行、良い嗜好、悪い嗜好に影響されて、要素が追加されるかもしれない。

（b）精神的価値　この価値は、作品がある宗教的信仰、部族、他の文化的な集団の一員にとって独特の重要性を持つといった、形式的な宗教的な文脈において解釈されるかもしれないし、あるいは、すべての人類が共有する内的な質に帰する、宗教とは関係のない根拠を持つかもしれない。精神的価値によってもたらされる有益な効果は、理解、啓蒙、洞察を含む。

（c）社会的価値　作品は、他者との連帯感をもたらすかもしれないし、その中でわれわれが生きている社会の本質を理解することや、アイデンティティや場の感覚をもつことに貢献するかもしれない。

（d）歴史的価値　芸術作品の文化的価値の重要な構成要素は、それが創られた当時の生活状態をどのように反映しているのか、そして、どのようにそれが、過去との連帯感を与えることによって現在を照らし出しているのかといった、その歴史との繋がりであるかもしれない。

（e）象徴的価値　芸術作品や、その他の文化的な対象は、意味の貯蔵庫、および運搬者として存在している。個人が芸術作品を解釈することは意味を引き出すことであるとするならば、作品の象徴的価値は、作品によって運ばれる意味の本質、およびその消費者にとっての価値を含んでいる。

（f）本物の価値　この価値は、作品が本物で、オリジナルで、その名で称される唯一の芸術作品であるという事実に由来するものである。作品の真正性と完全性が、右に挙げられた価値の他の源泉に加えて、それ自体で認められる価値であるということについては、疑問の余地はほとんどない。

さらにスロスビーはいう。

にもかかわらず、右に並べられた各々の構成要素の中での評価であろうと、特定のケースの包括的な尺度あるいは指標の探求であろうと、評価の問題は残っている。社会科学及び人文科学における多くの専門的な評価方法を援用して、以下に挙げるような種々の評価方法を、文化的価値を評価するために用いることができるであろう。

（a）図式化　最初の段階は、文化的価値の各要素の評価に情報を与えるであろう全体的な枠組みを確立するための、物理的・地理的・社会的・考古学的・その他のタイプの図式化を含む、研究対象の直接的な文脈上の分析になるであろう。

（b）厚い記述　これは、文化的な対象、環境あるいは過程の解釈的な記述の手段のことで、その奥底にはたらく文化の体系などをさらすことによって、そうしなければ説明することができない現象を合理的に説明し、観察された行動の文脈と意味にかんする理解を深める。

（c）態度分析　これには、社会調査法、心理測定法などを含む様々な技法が含まれ、多様な顕在化のための技法が用いられる。このようなアプローチは、とりわけ文化的価値の社会的・精神的側面を評価するのに有用である。それらは、個人的なレベルでは個人的な反応を測定するのに、集団的なレベルでは、集団の態度を研究したり、合意のパターンを見つけだしたりするのに応用される。

（d）内容分析　これに分類される技法は、意味を同定し体系化することを目的とする方法を含んでおり、考察中の作品や他のプロセスのもつ象徴的価値の様々な解釈を評価するのに適切である。

（e）専門的鑑定　様々な分野において専門家の意見を聞くことは、文化的価値のどのような評価の場合でも不可欠の要素であるように思われる。とりわけ、特別な技能、訓練、そして経験こそがより良い情報にもとづく評価に結びつくような美学的価値、歴史的価値、そして本物の価値の判断を下す場合はそうである。場合によっては、軽率な、誤った情報にもとづく、偏見のある、あるいは突拍子もない意見を少なくするために、同じ領域の専門家たちが吟味して容認されるようになった専門的基準によって、こうした判断をテストすることが望ましいように思われる。

以上のとおり、スロスビーは相当に慎重に文化的価値を構成要素に分解し、さらに社会科学及び人文科学における多くの専門的な評価方法を援用して説明している。

ここでは、経済的価値と文化的価値について論考しているが、経済的価値よりも、文化的価値に焦点を当てている。文化的価値の方が、抽象的な概念に包まれ、それを数値化することが非常に難しいと思われるからだ。さらにスロスビーは、経済的価値と文化的価値は、水と油のように相容れないものではないが、だからといって、どこかで画一的に線引きができるというわけでもないと主張している。

ただ、芸術作品という「著作物」の価値を考える場合、経済的価値だけが注目されがちな現状に対して、簡単には価格が付けられない著作物の存在意義と特有の性質こそが、文化的価値の本質であると思われる。スロスビーが唱える「文化的価値」を構成要素に分解したうえで、それぞれの内容を評価するという方法こそ、合理的であろうと思われる。

またスロスビーは、先に引用した著書『文化経済学入門』第七章「文化産業」の結論として、文化は、地域や国家、国際的環境における経済の潜在的な力強さの源泉として現れ、この文化産業が多くの観点から二一世紀への発展の前提におかれると主張し、四つの理由を挙げている（二〇七頁）。

●消費パターンの変化や実質所得の上昇は文化的な財・サービスの長期的な需要増を導く。
●新たな情報・通信技術の発展において、文化産業は重要なコンテンツ供給者である。
●文化産業は、技術革新や技術変化のプロセスに不可欠な創造的な思考や表現を育む。
●文化産業は雇用レベルで強いインパクトを与える。そして、文化産業が成長すると、経済の衰退部分から放出された労働力を吸収することに貢献できる。

このスロスビーの結論部分は、一〇年以上前に日本に紹介されたものであるが、現在の日本に当てはめてもまったく古さを感じさせない。特に「新たな情報・通信技術の発展において、文化産業は重要なコンテンツ供給者である」と「文化産業は、技術革新や技術変化のプロセスに不可欠な創造的な思考や表現を育む」の二点は、文化産業の発展、即ち経済的価値の追求にとっても最も基本的な要素だ。コンテンツ供給者とは著作者に他ならず、技術的革新などの源泉となるのは著作者の創造的な思考や表現であるからだ。

結論的に言えることは、経済の発展を促す要因は、やはり人間の持つ知的創造性であって、その文化的価値を軽視していては、経済的価値も覚束なくなるし、文化産業の発展もありえないということだ。

(2) 経済的価値追求の終焉

アメリカ発の新自由主義の破綻を見ると、資本主義が行き着くところまで行った感がある。高度に発達した資本主義が破綻することで、この先の資本主義はどのように変化して行くのか、世界中が注目している。

かつては石油資本を中心とするアメリカ多国籍企業が世界的な活動をしてきたが、特にこの一〇年内外のインターネットの普及発展によって、資本主義の展開ぶりは更に速度を上げた。二〇世紀に世界を席巻したアメリカ多国籍企業のみならず金融資本も世界中に蔓延し、そして破綻したのであり、その影響は全世界に及んでいる。

結局、マーケット（市場）が自由放任のまま政府の介入をほとんど受けない、なり振り構わぬ資本主義、短期利潤優先主義が、一時は経済を飛躍させたかに見えたが、長期的にとらえれば経済は破綻したと言えそうである。経済の破綻は多くの失業者を生み出し、世界中の労働者に金銭的な負担ばかりでなく精神的肉体的苦痛までも強いている。経済的豊かさを追求するということは、このような結果を招くこともあるということだろう。資本主義、短期利潤優先主義を世界中で採っているなら、どこでも同様なことが起こり得るのであろうが、少なくともわが国と非常に関係が深いアメリカのやり方について、立ち止まって検証することが必要である。

行き過ぎた資本主義に対し、倫理観をもった、節度ある資本主義を対置することによって問題が解決できるかは、全く不明である。そもそも節度ある資本主義などという言い方が成り立つのか疑問なのだ。だが既に現行の資本主義は、限界が見えはじめ、新たな経済体制を模索せねばならぬ段階が訪れているというべきである。

世界は、アメリカ的経済グローバリズムに反旗を翻《ひるがえ》し、自国の経済や文化を守ろうとしている。経済を最優先することで自国の文化や人間の精神性までもが失われようとしていることに、強い危機感を持ち始めている。特に、「著作物」「創作物」としての芸術作品はその精神性の現れであり、その文化的価値を経済的価値に優先させて守る重要性を、痛感せざるを得ない。

日本は古代から続いてきた誇りある伝統文化をもつ国である。この伝統文化を大切に継承するとともに、現在の文化を次世代につなげることで、この先一〇〇年、二〇〇年、一〇〇〇年と継承しつつ日本の文化を分厚いものとして残し、またその文化をいつの時代でも享受できるように努めることが、この地で生活するものの精神的な安寧をもたらすものと考えられる。ここでも著作物の文化的価値を十分かみしめながら、著作物を大切に扱うことが望まれるというべきである。

第七節　著作物の使用料

使用価値、交換価値そして文化的価値について考えてきたが、次に著作物の経済的価値のひとつである著作物使用料について考える。

著作物使用料が高いといわれるが本当だろうか。なぜ高いといわれるのか。その使用料を受け取る著作者である研究者（論文作成者）、芸術家は貧困であれば社会は安心するのか。これは少々ひねくれた言い方であるが、もう少し丁寧に考えてみよう。

私たちの身近なものとして音楽がある。私たちはその音楽にどのようにして接しているかといえば、演奏、放送、映画、出版、録音、オルゴール、ビデオグラム、有線放送、レンタル、カラオケ、インターネット、ＢＧＭなどによってである。これは、ＪＡＳＲＡＣ（日本音楽著作権協会）が音楽の利用者から著作物使用料を徴収するときの使用料規程に記載された各区分である。

コンサート、テレビ、ラジオ、映画、楽譜、歌詞カード、ＣＤ、ＤＶＤ、有線放送、カラオケ、インターネットなどで、私たちは音楽にふれている。このとき音楽に対する使用料（音楽利用の責任者が音楽の権利者に負担する使用料）を意識することはあまりないかもしれない。あえていえば、コンサートの入場料を支払うとき、ＣＤ、ＤＶＤを購入したりレンタルしたりするときであろう。

音楽の著作物使用料が問題になるシーンは、ＪＡＳＲＡＣなどの管理事業者が音楽の利用責任者、ＮＨＫや民放などの放送事業者、コンサートの主催者、ＣＤの販売であればレコード会社、レンタルであればレンタルショップの経営者から使用料を徴収するときである。ＪＡＳＲＡＣなどの管理事業者は、使用料規程に従って、放送事業者、コンサート主催者やレコード会社にその使用料を請求するのであるが、そのとき、その使用料が高いか否かが問題となるのである。問題がおこらないように、使用料を決定する際には音楽の利用者団体（放送事業者、コンサートの主催者団体やレコード会社の団体等）とあらかじめ話し合ってその使用料を決定してきた歴史があるが、使用料規程の更新時期を迎えたときなどに利用者は使用料が高いといい、ＪＡＳＲＡＣ等管理事業者は、作詞、作曲者等著作権者の負託に応えるため使用料の値上げを要求するわけである。私たちが生きている資本主義社会ではこの構図は当然である。利用者が営利を目的として商売をしている以上、安い経費で高い利潤を得るのが原則だからである。この安い経費にするために営利を目的とする利用者は著作物使用料を安く抑えることを求めているのである。

視点を変え、今度は創作者すなわち作詞者、作曲者等著作権者は自分の音楽作品が利用され、それに対して信託契約を結んだＪＡＳＲＡＣ等管理事業者が使用料を請求し、また分配してくれることを大いに期待することになるのだが、当然のことながら、ＪＡＳＲＡＣ等管理事業者は使用料を徴収して、その使用料を今度は作詞者、作曲者等著作権者に分配することになるが、そこでＪＡＳＲＡＣ等管理事業者は手数料を差し引くのである。

さらに作詞者、作曲者は自分の作品がよく売れるために、多くの場合音楽出版者と音楽の利用開発、プロモートのために期間や地域など制限付きの譲渡契約を結びその取り分を音楽出版者に支払うことになるのである。音楽出版者からすればその作品を音楽出版者の力によってプロモートした結果、それなりに売れたのだからその取り分は保障されなくてはならないと当然に主張するわけである。

作詞者、作曲者は音楽を創作して、世の中に出しても、その音楽の対価は、ＪＡＳＲＡＣ等管理事業者やプロモートした音楽出版者の取り分によってかなり減額されてしまうことになる。ただ現実の著作物使用料の動きはこのようなものであって、この関係性はそう簡単には崩せないものの、ＩＴを駆使したグーグルやアマゾン、アップル社などの出現によって、大きく変化する可能性もある。こうなるとますます作詞者、作曲者など創作者の分配使用料は少なくなってしまう恐れが出てくる。当たり前のことだが、音楽作品は売れるものしか儲からないなどということになってしまうのだが、それでは売れなくとも文化的、社会的影響が高い作品は闇に葬られ、文化全体が衰退していくと懸念されるのである。芸術家にとっては、国家やパトロンが、あるいは管理事業者だけが自分たちを保護してくれる時代は終わり、今までとは違って自らが闘い、その対価を勝ち取っていく時代に突入していると考えておく必要があるのだろう。

(1) 著作物の使用料とは何か

著作物の使用料にふれるまえに、念のため著作物とは何かについてもう一度みておこう。著作権法第二条の定義は、著作物とは「思想又は感情を創作的に表現したものであって、文芸、学術、美術又は音楽の範囲に属するものをいう」とある。そして著作権法第一〇条では著作物には具体的にどんなものがあるかを例示している（本章第一節参照）。

著作権法第一〇条で例示された著作物は、あくまでも例示であり、第二条の定義に合致するのであれば右の例示以外でも著作物に相当することになる。俳句も短歌も言語の著作物であり、訴訟にもなったが「ゲーム」の画面に映しだされる映像は、映画の著作物である。

このように著作物とは、この著作物を創作した者、すなわち著作者の権利となり財産となる。いうまでもなく著作権法はこの著作者の権利の保護を図り、文化の発展に寄与することを目的としている。

著作物を利用するということは、著作権法で定められた著作物、他人が創作した他人の財産である著作物を利用することである。したがってその著作物を、事前に、利用してよいか否かの許諾を求めるのがルールになってくるのは当たり前のことだ。隣の家の前に置いてある隣の家の自転車を、他人が黙って乗り回していたらやはり問題になるだろう。他人の財産、モノを利用するということはそのようなことなのだ。

事前に、著作者や、著作者から権利の譲渡を受けた著作権者の許諾を得てから著作物を利用せよといわれてもどこで許諾を得て、いくら支払えばいいのかわかりにくいが、著作権法第一〇条の著作物の例示は、言語の著作物、音楽の著作物、絵画の著作物等々各著作物の範疇ごとに大まかな関係団体、その著作権を管理している管理事業者の存在があることに気付かされる。そして各著作権等管理事業者は使用料規程をもっている。その管理事業者が管理している著作物のいわば料金表である。

この使用料規程は、先にもふれたがその管理事業者が勝手に決めているものではない。それは著作権者から権利を預かる管理事業者が著作物の利用者と話し合い、交渉した結果が反映されている。利用者の意見も聞かず一方的に料金を提示しているわけではない。一方的に高い料金であれば利用者はその管理著作物を利用しなければいいのであるが、それまでの歴史的な経緯を踏まえた協議価格として妥当な数値が示されていると考えられる。

(2) 著作物使用料の額、使用料率、考え方の基本

JASRAC（日本音楽著作権協会）使用料規程をみる。第1章総則1には、「本協会の管理する著作物の使用料は、下記の区分により、第2章第1節から第15節に定める額とする」とあり、「下記」の区分は以下のとおりである。

(1)演奏等　(2)放送等　(3)映画　(4)出版等　(5)オーディオ録音　(6)オルゴール　(7)ビデオグラム　(8)有線放送等　(9)貸与　(10)業務用通信カラオケ　(11)インタラクティブ配信　(12)BGM　(13)CDグラフィックス等　(14)カラオケ用ICメモリーカード　(15)その他

右記区分をみればわかるとおり、音楽著作物の利用のされ方はさまざまであるといえる。だがその使用料を決定する思想とは何であるか。音楽の利用形態で最も古いもののひとつである演奏会（コンサート）の使用料を考えてみる。ここに使用料規程のうち2の演奏会における演奏の使用料規定を引用してみよう。

2　演奏会における演奏

演奏会（コンサート、音楽発表会等音楽の提供を主たる目的とする催物をいう。）における演奏の使用料は、次により算出した金額に、消費税相当額を加算した額とする。

（1）公演1回ごとの使用料は、次のとおりとする。

①　入場料がある場合の使用料は、総入場料算定基準額の5％の額とする。ただし、定員数に5円を乗じて得た額あるいは2、500円を下回る場合には、そのいずれか多い額を使用料とする。

②　入場料がない場合で、かつ公演時間が2時間までの場合の使用料は、定員数に4円を乗じて得た額あるいは、2、000円のいずれか多い額とする。

公演時間が2時間を超える場合の使用料は、30分までを超えるごとに、公演時間が2時間までの場合の金額に、その25%の額を加算した額とする。

（2）（1）によらない場合の使用料は1曲1回ごとに定めるものとし、その使用料は次のとおりとする。

① 利用時間が5分までの使用料は、次のとおりとする。

（ア） 入場料がある場合の使用料は、総入場料算定基準額の0・5%の額又は（イ）に定める額のいずれか多い額とする。

（イ） 入場料がない場合の使用料は、下表（次頁＊）のとおりとする。

定員が10、000名を超える場合の使用料は、500名までを超えるごとに、定員が10、000名を超える場合の金額に、200円を加算した額とする。

② 利用時間が5分を超える場合の使用料は、5分までを超えるごとに、利用時間が5分までの場合の金額に、その同額を加算した額とする。

*

定員	使用料額
100名まで	250円
500名まで	300円
1,000名まで	400円
1,500名まで	600円
2,000名まで	800円
2,500名まで	1,000円
3,000名まで	1,200円
3,500名まで	1,400円
4,000名まで	1,600円
4,500名まで	1,800円
5,000名まで	2,000円
5,500名まで	2,200円
6,000名まで	2,400円
6,500名まで	2,600円
7,000名まで	2,800円
7,500名まで	3,000円
8,000名まで	3,200円
8,500名まで	3,400円
9,000名まで	3,600円
9,500名まで	3,800円
10,000名まで	4,000円

右に引用した「2　演奏会における演奏」の使用料規定の考え方、思想を検証してみると、まず「(1) 公演1回ごとの使用料」は、①「入場料がある場合の使用料は、総入場料算定基準額の5％の額とする」が基本となっている。

使用料規程の演奏の備考は、総入場料算定基準額とは、「入場料に定員数を乗じて得た額の80％の額とする」と定めている。また定員とは、「演奏会等が開催される会場あるいは場所に設置されている客席の総数」としている。これは演奏会の主催者が総入場料の％の使用料額をその音楽の権利者（多くの場合は著作権管理事業者）に支払うという取り決めである。多数の聴衆が入場する演奏会場にすればするほど総入場料も多くなり、それに％を乗じるのであるから、使用料額も比例して多くなるということになる。だが大きな会場を用意したがわずかな聴衆しか入場しなかったとすれば、総入場料は低くなり、それにともなって著作物使用料額も低くなるというわけではない。

裏返して言えば、演奏会をして総入場料が多くなり儲かればそれに見合った金額の使用料を管理事業者等に支払うということではない。管理著作物を利用する以上は、客が入ろうが入るまいが、利用した以上は使用料規程に定められた使用料を支払わなければならないということである。主催者が会場を利用したが儲からなかった、赤字だから会場費は支払わないなどという主張が認められないことと同じことになる。

（2）の「（1）によらない場合の使用料は1曲1回ごとに定めるものとし、その使用料は次のとおりとする」の規定の考え方、思想は1曲1回の使用料額を定めている。その条件として演奏会場の大きさ、すなわち定員がどれだけの会場か、そして音楽の演奏時間の長短、5分ごとの区分、入場料の高低と有無によって異なってくる。

このように（1）の入場料と定員を乗じたものにさらに％を乗じるという使用料の算定方法と、（2）のように1曲1回の使用料の合計でおこなう算定方法とは考え方、思想はかなり異なっている。著作物とは1曲ごとがひとつの財産であり、また徴収した使用料を、著作者に分配するにあたっては、利用された一つひとつの著作物の著作者に分配するからだ。原則は、1曲1回の使用料の合計である。JASRACの使用料規程はじめ多くの使用料規程はこの原則に合致しているはずだ。

（3）著作物使用料の高低議論を超えて

（2）①（イ）の表にあるように、演奏会の入場料がない場合、100名までの定員で、利用時間が5分までの1曲1回の使用料は250円である。利用された音楽の著作権管理事業者が演奏会の主催者に請求する使用料が250円ということである。さて、この250円が高いか安いかということは、人によって異なり一概にはいえない。そもそも現在の物価でアンパンやおにぎりの値段が1個120円だとすれば、250円ではそれらが二個購入できることになる。だが1曲1回の使用料250円であることと、250円でアンパンやおにぎりが購入できることを、比較することが妥当か否かはわからない。

この使用料規定（例えば1曲1回の使用料が250円ということが妥当な使用料であるか否か）を検討し始めたらきりがないようにも感じる。現在の使用料規程は、主務官庁である文化庁への届出制になっているが、以前は文化庁の認可が必要であり、認可の前に利用者団体等との交渉をすることが必要とされていた。そのようにして250円という使用料は決定されてきたのであり、それなりの合理性があるといえよう。

そういうわけで、アンパンやおにぎりとの比較は本来、議論にすらならないものである。250円あれば1日の食費になることもあるだろうが、ソフトクリーム1本かもしれない。あるいは、金魚一匹かもしれない。

一方で、250円の使用料は、著作物の使用料であるから、その曲の権利者に管理事業者から分配される。その曲が歌詞付き楽曲であれば、作詞者、作曲者に各125円等分され分配される。さらにこの楽曲をプロモート（利用開発＝販売促進活動）した音楽出版者が関与していれば、作詞者、作曲者に分配される使用料は減少する。

このように考えていくと、この250円は音楽の利用者にとっては高く、作詞者、作曲者にとっては低いといった、ありふれた議論になっていく。これはそんなに簡単に解決できる問題でもないような気がする。

だが、著作物使用料が高いか安いかの視点や経済的価値判断ではなく、スロスビーがいう著作物の文化的価値を考え、芸術家すなわち「著作者」の創作活動やその精神性などについて考えることこそが必要である。

《引用文献》
加戸守行著『著作権法逐条講義（六訂新版）』（著作権情報センター、平成二五年）
新村出編『広辞苑（第二版）』（岩波書店、昭和四四年）
宇野弘蔵著『価値論』（こぶし書房、一九九六年）
中沢新一編著『吉本隆明の経済学』（筑摩選書、二〇一四年）
デイヴィッド・スロスビー著『文化経済学入門』（日本経済新聞社、二〇〇二年）
『著作権関係法令集』平成二二年版（著作権情報センター）
《参考文献》
小幡道昭著『価値論批判』（弘文堂、二〇一三年）

第四章　ＡＩ（人口知能）と著作権

第一節　ＡＩとは何か

ＡＩ（Artificial Intelligence 人口知能）もまた、科学・技術の進展の成果である。これも人間にとって極めて便利なものになっているし、もはや人間がこれを手放すこともできない。ここで問題となるのは、ＡＩが人間に歯向かってくる可能性がある、ということだ。近未来小説のことではない。

私たちが目にするＡＩのひとつは、囲碁や将棋を行なうＡＩで、これは極めて人間臭い、人間の複雑な判断による勝負の世界で、ＡＩが人間に勝ってしまう。これは、ＡＩに過去の事例を含め、大量、膨大な情報（ビッグデータ）を蓄積し、新たな事例に即座に対応できるデータベースを人間が構築し、そのＡＩにプログラミングしたということであろう。ＡＩがビッグデータを取り込み、さらにビッグデータを取り込み続けることによって、人間の脳を超える力を獲得しているということである。相手はしょせん機械であり、機械を製作、制御するのはあくまでも人間であると私たちは固く信じているが、どうやらそれも怪しいということらしい。ＡＩが学習して自律的に新たな判断を行なうことが可能となり、それを実行するというのである。

ＡＩの定義は別にみるが、ＡＩが搭載された機械として我々がすぐに思い浮かぶのは、現在世界的に話題になっている自動運転自動車、ドローン、無人偵察・爆撃飛行機などである。だがそのほかにも医療・介護現場、学習現場等など、あらゆる現場に普及し、総合的に発展している。

さらに問題なのは、ＡＩがこの世界には進出できないだろうといわれている文化芸術の世界にまで進出可能らしいということだ。ＡＩに対して、ゴッホの「ひまわり」を描け、春の短歌を詠《よ》め、などは過去にインプットされたデータをアウトプットするだけだから簡単だろうが、「ゴッホのような印象派のオリジナルな油絵を描け」、「春を季語として新たな、オリジナルな短歌を創作せよ」などという命令にもかなり正確に応え、アウトプットしてくるようなことが起こるはずだ。

先にふれたように、ＡＩとは Artificial Intelligence の略語であり、人口知能と和訳されている。人間の様々な働きを機械に代行させることや、人間の脳の機能をさらに上回る能力を機械に持たせるものをいうのだろう。このような定義であれば、ＰＣ（パソコン）もまたそうである。ＰＣには様々な機能が搭載されているが、あの便利さを人手でおこなったら膨大な労働者数と労働時間が必要とされる。結局、ＰＣのようなものが電化製品の中にも、私たちの身の回りにも数限りなく設置されていることになる。これらがＡＩであるともいえる。ハリウッド映画などに登場してくるＡＩを搭載した人型ロボットだけがＡＩの代表というわけではない。

ここでＡＩの自動性、自己増殖の恐怖と限界ついてふれておかねばならない。恐ろしい話ではあるが、ＡＩが自己増殖して人間の頭脳を超える時代が到来すると予測されていることだ。従来のＰＣを考えれば理解できるように、ハードウェアとソフトウェアによって高速に正確なデータを私たちに提供、提示してくれる。また私のＰＣは、私が興味あるランニングシューズを検索すると、その後は様々なランニングシューズを自動的に検索して私のＰＣ画面に表示してくれる。本もそうだ。同じ著者の本を紹介してくれもする。非常に便利であると感じるが、このシステムが軍事利用、兵器として使用されていることを考えると、やはり恐怖を覚えざるを得ない。

将棋や囲碁においては、既に人間の能力を超えたＡＩが開発され、世界的な棋士たちなどがＡＩには勝てなくなっているけれども、私たちが、まだ大丈夫と感じるところは、ＡＩに多くの小説を読ませ「どこに感動したかを示せ」と問うたり、「ゴッホとルノアールの油絵のどちらに感動するか」を問うても回答は得られないように思えるところだ。

第二節　ＡＩの生成物――自動作曲システムOrpheus（オルフェウス）をめぐって

オルフェウスという自動作曲システムがある。これは、日本語の歌詞を入力（インプット）すると自動作曲によりその歌詞に見合った楽曲が作成される思考機械である。オルフェウスに歌詞を入力（インプット）すれば楽曲が出力（アウトプット）されるのであるなら、作曲者は誰になるのか。自動作曲Orpheus（オルフェウス）のホームページを見ておこう。

システムの紹介

●当システムは、自動作曲技術の研究開発を目的として、東京大学らの研究チームの研究成果を一般に公開し、試用（無料）して頂いています。どなたでも、公開作品を聴いたり、ダウンロードしたりできますが、自動作曲するにはユーザ登録（無料）が必要です。

●Ver 3.7 以後の累積作曲 438477 曲。（＋ Ver 2.1 の作品約20万曲）。２０１３年

9月時点で300万アクセスを突破しました。
●免責事項：このweb実験システムは全くの無保証で一切の責任を負いません。作品はユーザの自己責任で自由にご利用いただけます。
●連絡先：開発者へのご提案やお問い合わせは、orpheus.music.org@gmail.com（全角文字を半角に直して）あてのメールでお願いします。ごく少人数で対応するので、応答が著しく遅れることがありますが、ご容赦下さい。
（2018年3月26日現在　http://www.orpheus-music.org/v3/index.php#）


本書の趣旨に従えば、論ずべき課題は著作権である。

第一の問題は、自分の歌詞を創作し、思想、感情が創作的に表現されていれば、それは文芸や音楽の著作物であるが、この歌詞をオルフェウスに入力（インプット）すれば、オルフェウスによって作曲され出力（アウトプット）されたモノは一体何か、ということである。

筆者がネット上でオルフェウスを試聴した限りではそれは音楽の著作物であるといえそうであるが、現行の著作権法は原則的に、自然人が、思想又は感情を創作的に表現したもので、しかも文芸、学術、美術又は音楽の範囲に属するものを著作物として定めているのだから、オルフェウスという自然人ではない、機械・装置による作曲によって出力（アウトプット）されたモノは著作物として著作権法で保護される対象になるのだろうか、という疑問が生じる。

以前はピアノを弾いたり、ギターを弾いたりしながらそれを五線譜のうえに書き記していたが、最近では作曲するにあたって、コンピュータにデータを新たに打ち込むことによって伴奏等も含めてかなり完成された楽曲を入手することができる。だが、このコンピュータのシステムは人間があらかじめ打ち込んでいたデータによって新たな楽曲が補完されている。これに対して、オルフェウスは自動的、自律的に作曲するというのだ。ならば作曲者すなわち著作者はだれかといえば、オルフェウスだということになってしまう。

思想又は感情というのは、社会通念上、人間の思想又は感情を指す（加戸著『逐条講義』（六訂新版、一二一頁）のであるから、チンパンジーが描いた絵は著作物とはいえないとしている。ましてやこの現行の著作権法が施行されたのは一九七一（昭和四六）年一月であり、当時はまだ機械が作曲するなど想定されていなかったはずであり、当然のことながら、加戸著『逐条講義』は、そのことについてふれていない。

チンパンジーや機械・装置が著作者とはいえず、それらが創作したモノが著作権法上の著作物といえないにしても、それでは現実にオルフェウスから流される音、音楽やアウトプットされる譜面とは何か。著作権の他にも著作隣接権やいまだ権利として認められてはいないが譜面の版面権などは確実に存在するように思えるのだが。

第三節　Orpheus（オルフェウス）の責任主体

第二の問題は、オルフェウスという自動作曲装置を製作（発明）したのは誰か。すなわち、特許法で保護される発明の主体は誰であるか、ということである。一般的にいえば、それなりに労力も時間も経費もかけオルフェウスを作りあげている以上、その経費を回収するように考えるのは当然であるが、誰がそのように考えるのか。いわばオルフェウスの所有者、責任主体ともいうべきは誰かということになる。

オルフェウスがアウトプットする作品、著作物ともいえそうな生成物は、オルフェウスのオリジナルということではあるが、既存の著作者が、盗作であるとか、酷似しているとか主張したとき、誰がそれに弁明するのかという問題でもある。

民法には、自分の飼い犬や所有物によって他人に損害を与えた場合の規定もあるし、製造物責任法という法律もある。すなわちオルフェウスは誰の所有物かによってその責任が定められるということになるのだろう。

この民法及び製造物責任法の該当条文は、電子政府の総合窓口（http://elaws.e-gov.go.jp/search/elawsSearch/elaws_search/lsg0500/detail?lawId=406AC0000000085&openerCode=1）によれば以下のとおりである。

（民法　不法行為による損害賠償）

第七百九条　故意又は過失によって他人の権利又は法律上保護される利益を侵害した者は、これによって生じた損害を賠償する責任を負う。

（製造物責任法）

第三条　製造業者等は、その製造、加工、輸入又は前条第三項第二号若しくは第三号の氏名等の表示をした製造物であって、その引き渡したものの欠陥により他人の生命、身体又は財産を侵害したときは、これによって生じた損害を賠償する責めに任ずる。ただし、その損害が当該製造物についてのみ生じたときは、この限りでない。

また一方で、オルフェウスは、たくさんの情報を蓄積している。この情報はプログラムでありデータベースである。このプログラムもデータベースも著作権法でそれぞれ別個に保護されている。オリジナルな作品をアウトプットさせることができるその能力を支えるものはプログラムであり、データベースである。

プログラムとは、電子計算機を機能させて一つの結果を得ることができるようにこれに対する指令を組み合わせたものとして表現したものをいう（著作権法第二条第一項一〇の二）し、またデータベースとは、論文、数値、図形その他の情報の集合体であって、それらの情報を電子計算機を用いて検索することができるように体系的に構成したものをいう（著作権法第二条第一項一〇の三）が、このようにプログラムにもデータベースにもそれぞれ定義があり、それらは著作物であり、著作者が存在することになる。オルフェウスにはこれらが組み込まれているわけであるから、その組み込んだ責任主体が出力（アウトプット）の生成物の責任者であると想定することもできよう。

さらにいえば、オルフェウスにはすでに、既成の著作物が何らかのかたちで入力（インプット）されているはずだ。そうでなければオルフェウスによるオリジナルな生成物は既成の生成物と明確な相違がなければならない以上、オルフェウス内部で既成の生成物とオリジナル生成物とが明確に比較できるシステムがなければならないはずだ。だとすれば、既成の著作物をオルフェウスの内部に複製しなければならない。あらかじめ入力（インプット）するかインターネットを通じてダウンロードするかであり、いずれにしても複製の許諾を事前にその著作物の著作権者から得なければならない。

繰り返すことになるが、電子計算機とはコンピュータのことであり、現在では誰しもが使用しているスマートフォンであり、PCである。PCの中には、文章を作成する「ワード」、表計算をおこなう「エクセル」などのアプリケーション・ソフトウェアが入っているが、これらはプログラムである。またヤフーやグーグルの検索サービスを利用して様々な事項を検索することができるが、こうした検索サイトには様々なデータベースが背景に存在する。そしてプログラムにしてもデータベースにしても、著作権法によって保護されている。

オルフェウスが機械・装置であるのは事実だし、この機械・装置は物であるから一般的には誰かの所有物である。それはHP（ホームページ）から推測するに、「東京大学らの研究チーム」が関係しているといえよう。民法や製造物責任法に基づき、仮にこの「東京大学らの研究チーム」がオルフェウスの所有者であるとするなら、アウトプットされた楽曲等（著作物であると断定できない）が社会に与える影響の責任主体と考えることもできよう。社会的責任主体が「東京大学らの研究チーム」だとしても、アウトプットされた楽曲等は誰が創作して、著作者、著作権者は誰かという疑問はそのまま残されてしまうことになる。

オルフェウスからアウトプットされた楽曲が世界的なヒット曲となり莫大な利益を生み始めれば、その楽曲は私のモノだという主張がなされるように思われるが、それまで待とうということなのかもしれない。

オルフェウスに限らず、科学・技術の発展は様々な自律的、自己増殖機能をもった機械・装置を生み出し、それに基づいた様々な生成物を生み出すことになるだろう。そうした機械的生成物を、著作権法を改正するなど何らかのかたちで、著作物として認めることが必要だと思われる。機械・装置であるが故に、思想又は感情がなくとも、その楽曲によって人間の心が癒されたり、感動させられたり、勇気をもらったりすることができるなら、従来の著作物とその効果はなんら変わることはないのだから。

第四節　ビッグデータとは何か

データベースとは、論文、数値、図形その他の情報の集合体であって、それらの情報を電子計算機を用いて検索することができるように体系的に構成したものをいうのであるが、この定義に該当すれば、著作物として著作権法で保護される。著作権法では、世界的に著作物を創作した段階で登録等なにもしないまま保護されることになっている。これはベルヌ条約の規定であり無方式主義という。

だが歌詞や楽曲は、歌手をはじめ演奏者によって、公衆に提供・提示されることが一般的であろうが、データベースの場合は、公衆の前に提供・提示されるようなことはないだろう。ましてや音楽などと同様にデータベースに感動したなどと聞いたことがない。感動するのはこのデータベースの具体的働きについて説明を受けたときぐらいだろう。一般的には電子計算機やソフトウェアの中にすでに組み込まれてしまっているのだから、データベースそのものをみることもない。

筆者のＰＣには、関心あるランニングシューズが表示される、本もそうだ、と述べたが、

ＰＣの利用者であり管理者でもある私が、自分の関心事を自分のＰＣ内に総合的にデータとしてまとめ、データベースのようにしているというわけである。

ＩＴ（情報技術）とデータベースが織り成すこうした状況は、我々に次のような重要な問題を投げかけている。世界ではデジタル化・インターネット化を通じてこの数年急速に著作権法で保護対象とすべきデータベースが増加しており、同時に著作権法で保護対象になるか否か不明のまま、データが蓄積され、さらに蓄積されビッグデータ化し、さらにそのビッグデータが合体して超ビッグデータさえも構築されていると考えられる。ビッグデータの中には著作権法で保護されるべきデータベースもあればそうでないものもあるはずである。著作権法の保護対象のデータと保護対象にならないデータとが合体されているかもしれないし、その線引きは困難かもしれない。さらにいえば、このデータベースが囲碁や将棋のＡＩのように、ＡＩの内部で自動増殖しているとなればこのビックデータは著作物として著作権法で保護できるのだろうか、ということになる。この解決方法を模索しなければなるまい。

ビッグデータのうちデータベースとして著作権法で保護されるものと、そうでないものとに区分けすることは可能であると思えるのだが、データベースを利用するにあたっては、著作権手続きが煩雑であるといった理由をもって、データベース使用料の負担手続きを省略したりすることは、やはり避けなければならない。データベースを創作的に表現した人間（著作者）が存在する以上は、そこは著作権法というルールに則っていく以外にない。

第五節　絵をもとに歌詞を作る『ＡＩ作詞家』

ＡＩに関するイベント、第二回ＡＩ・人口知能ＥＸＰＯが、二〇一八年四月に東京ビッグサイトで開催された。三〇〇社もの出展があったそうだ。多数のサラリーマンが会場を訪れており、ＡＩに対する社会的関心の高さと広がりをうかがわせた。主催者によれば五万人もの観客を見込んでいたという。

筆者の関心は、電気通信大学・人工知能先端研究センター　がおこなう「ＡＩ作詞家」なるブースであった。モノや色が与える「印象」と、一〇万曲の日本語の歌詞を学習したＡＩが、絵や画像をもとに、その色合いや描かれているオブジェクトを認識・分析し、まったく新しい歌詞を生み出し、音楽を合わせれば、その音の数に合わせた歌詞をつくることも可能だと宣伝されていた。会場では、実際に絵や写真から作詞した画面を目にすることができた。

一〇万曲の日本語の歌詞を学習したＡＩ、とあるが、おそらく一〇万曲の歌詞を入力したのであろう。歌詞には著作権が存続しているものがあったはずであるが、その取扱いはどのように考えていたのかは不明であった。結局、絵や画像に対してＡＩが生成した「オリジナルな歌詞」が自動的にアウトプットされ、ディスプレイに表示されるのだが、その「オリジナルな歌詞」が人間の心を打ち、人間に感動を及ぼすものであるか否かは別として、アウトプットされたこの歌詞は、既にインプットされている既存の日本語の歌詞一〇万曲の歌詞を避けてアウトプットされていることになる。

この『ＡＩ作詞家』と先のオルフェウスがデータベース、プログラムを合体すれば、絵画や写真からそれに見合った歌詞が生まれ同時にその歌詞に見合った楽曲が自動的に生み出され、音楽そのものも、楽譜そのものもアウトプットされることになる。著作権上の課題がここでも〝生成〟されていく。

第六節　実証実験の必要性

気を付けなければならない点がある。それは「表現の自由」があるとはいえ、その限界を超えるような表現は認められないということだ。現在多くの国々で、その国家を守ろうと強く主張する極右翼な政党や団体が誕生している。このような状況の中で、オルフェウスに類する装置に軍国主義的な言葉を使用して○○国を侵略しよう、戦争を辞さない、○○人を排除せよ等々の歌詞を入力したとき、その歌詞付き楽曲がインターネットを通じ世界的に拡散したとき、その責任の所在をどう考えればいいのか。あるいは、いじめの言葉に楽曲を付したり、極端な性的表現に楽曲を付したときの影響をどのように考えればいいのか。

このような問題が考えられるにもかかわらず、経済的効果が期待できるとの理由から、それらの対策を講じないまま、見切り発車的に普及実用化させてしまえば、やはり取り返しがつかないことになる。従来は科学・技術と経済とがパラレルに発展して資本主義経済をけん引してきたといえるが、それが負の遺産をもたらした事実を忘れてはならない。科学・技術はまず閉鎖環境内で実証実験を十分に重ね、現実世界に悪影響が出ないことを確認したうえで普及させるべきである。それが人間にとって真の発展をもたらすだろう。AIの普及、発展は後戻りできないが、長期的視野にたって、人間の幸せに通ずる方法を考えなければならない。

第七節　英国著作権法

人工知能法務研究会編『ＡＩビジネスの法律実務』（日本加除出版、一六七〜一六八頁）を参考にしながら、著作権情報センターのＨＰ（http://www.cric.or.jp/db/world/england.html）から外国著作権法のイギリス編を見ると、コンピュータ生成物に関して以下のような定義が見られる。

（著作物の著作者）

第九条　（3）　コンピュータにより生成される文芸、演劇、音楽又は美術の著作物の場合には、著作者は、著作物の創作に必要な手筈を引き受ける者であるとみなされる。

（小定義）

第一七八条

著作物に関して「コンピュータ生成」とは、著作物の人間の著作者が存在しない状況において著作物がコンピュータにより生成されることをいう。

このように、コンピュータにより生成される著作物に保護を与え、その「著作者は、著作物の創作に必要な手筈を引き受ける者であるとみなされる」と規定しているのだ。更に、同書『AIビジネスの法律実務』（一六七頁）によれば、英国法の影響を受けた他国の法制にも同様の規定を有するものがあるとして、アイルランド、ニュージーランド、インド、南アフリカ等があるとしているが、いずれもイギリスと歴史的に関係が深い国々だ。英国と日本の著作権法の在り方は、英米判例法と大陸制定法との違いを反映するかのように、かなりの差異がある。英国の著作権法はコンピュータ生成物を著作物として認め、その著作者をも法的に規定しているのであるが、当面このような考え方を採ったとしても、矛盾の解消は簡単ではない。

《引用文献》
加戸守行著『著作権法逐条講義（六訂新版）』（著作権情報センター、平成二五年）

「自動作曲 Orpheus（オルフェウス）」ＨＰ（http://www.orpheus-music.org/v3/index.php#）

人工知能法務研究会編『ＡＩビジネスの法律実務』（日本加除出版、平成二九年）

《参考文献》

ビクター・マイヤー＝ショーン・ベルガー、ケネス・クキエ（共著）／斎藤栄一郎（翻訳）『ビッグデータの正体』（講談社、二〇一三年）

堀内進之介著『人口知能時代を〈善く生きる〉技術』（集英社新書、二〇一八年）

西垣通著『ビッグデータと人口知能』（中公新書、二〇一六年）

ノーム・チョムスキー、レイ・カーツワイル他『人類の未来―ＡＩ、経済、民主主義』（ＮＨＫ出版新書、二〇一七年）

レイ・カーツワイル著『シンギュラリティは近い』（ＮＨＫ出版、二〇一六年）

第五章　ＴＰＰと著作権

第一節　ＴＰＰと著作権

ＴＰＰとは環太平洋戦略的経済連携協定のことであり、英語では、Trans-Pacific Strategic Economic Partnership Agreement または単に Trans-Pacific Partnership という。また環太平洋連携協定、環太平洋経済連携協定、環太平洋パートナーシップ協定、環太平洋経済協定などの訳もある貿易協定である。本書では、〝ＴＰＰ協定〟と表記せず、引用等を除き単にＴＰＰと表記する。

ここでＴＰＰの交渉項目のうちの著作権の問題についてふれなければならない。だが、著作物の保護期間延長問題がなぜＴＰＰの議題になっているのかは不思議なことである。純然たる著作権問題であり、ＴＰＰの枠組みで交渉されるような課題ではないと思われるからだ。ＴＰＰの枠組みで交渉されるということは、取引の材料にされてきたのではないか、ということである。アメリカは既に著作物の保護期間を五〇年から七〇年に延長し、日本に対し、日本の保護期間もアメリカ、ヨーロッパに合わせて五〇年から七〇年に延長することを要求してきた。このとき日本はアメリカに対して、その要求を呑むという条件で他の交渉項目の譲歩をアメリカに迫っていたとするなら、あるいはその逆であったとしても、他の交渉項目の関連者にとってはその項目に限定した純粋な交渉ではなくなってしまう。貿易交渉とは、さまざまな、数多い項目について交渉するのだから、取引材料のひとつにされてしまうことがあるように思えるが、それでは本質的な解決にはならない。

ＴＰＰの協定発効が頓挫したということで著作物の保護期間延長やその他の法改正ができなくなるということは避けなければならない。ＴＰＰに対して筆者は反対を唱えてきたが、その理由は事前に締結される秘密保持契約と投資家が投資先の国家の政策によって被害を受けた場合に、その国家を第三者機関である国際仲裁裁判所に訴えることができるというＩＳＤＳ（Investor-State Dispute Settlement）条項の存在に反対することと、アメリカのごり押し（著作権でいえば、アメリカ著作権法の考え方の押し付けを含む）を批判するものであった。

ＴＰＰ交渉の内容は、農産物も含め多項目にわたる。その一つが知的財産権である。知的財産権といってもその権利は多数でありまたこれも多岐にわたっている。本章で取り上げるのは主に著作権である。

文化庁の「環太平洋パートナーシップ（ＴＰＰ）協定に伴う制度整備の在り方等に関す

る報告書」によれば、この著作権部分の改正内容は五項目ある。

一　著作物等の保護期間の延長
二　著作権等侵害罪の一部非親告罪化
三　著作物等の利用を管理する効果的な技術的手段（アクセスコントロール）に関する制度整備
四　配信音源の二次使用に対する使用料請求権の付与
五　「法定損害賠償」又は「追加的損害賠償」に係る制度整備

本章では、一の著作物等の保護期間の延長、二の著作権等侵害罪の一部非親告罪化についてと右には記載がないが戦時加算問題について述べる。

第二節　著作物等の保護期間の延長

著作物等の保護期間の延長については、すでに様々な箇所で、様々に述べられてきているが、これまでの保護期間すなわち著作者の死後「五〇年間」を「七〇年間」に延長すると決め、国会（二〇一六年秋の臨時国会）で審議し、可決、公布、施行することとなったものである。延長することの是非について賛成派と慎重派（反対派）の議論が数年にわたって繰り広げられてきた問題である。保護期間を延長することに賛成する側は、当然のことながら主に著作者、著作権者であり、反対する側は、その著作物を利用する側であったが、ここで一応の決着がついたというべきである。

営利を目的として著作物を利用する側とすれば、自由に無償で著作物を利用できればいいものを、その利用したい著作物を利用するには使用料が必要となるから反対するのであり、使用料を負担するか否かによって、経費が高くなるか、利益が低くなるか等々直接影響を受けることになるからだ。この反対派にすれば、これ以上保護期間を長くすべきではなく、むしろ保護期間は短くすべきだとしている。

反対理由はまだある。保護期間を現状維持する、あるいは短くすることは、その保護期間が満了すれば、毎年満了していく著作物を無償で自由に使用できることになり、経済効果も高いものになっていくと主張する。この無償で自由に使用できるとは、その著作物をそのまま使用する場合もあるが、例えば音楽であれば、編曲し、主題をそのままに、あるいは主題をまったく変えて別の著作物を創造することができるようになり、そこから新たな経済効果を生み出しうると考えるからである。さらにいえば、保護期間を長くすれば、著作者も間違いなく死去するのであり、死後はその相続人がどうなっていくのかわからなくなるのは必然である。そのような状況の中で、ある著作物を利用したくとも相続人＝著作権者の連絡先が不明で、利用したくとも利用できない不便さがでてくるのであるから、保護期間はできれば短い方がよく、延長には反対するという理屈になっていく。

延長賛成派は、先進国の多くが七〇年と延長してきたのであるから、それに合わせるべきである。日本国内では、保護期間は五〇年であることから、ベルヌ条約（国際条約）の定める相互主義によって外国の著作物が利用されても五〇年以内の著作物を保護すればよいのであるが、保護期間を七〇年としている外国の著作者、著作権者には申し訳ないことになる、と主張する。

さらに日本の著作物がヨーロッパで利用される場合、ヨーロッパでは本国（日本）の保護期間五〇年以内の著作物しか保護しない。日本がそれでいいといっているからである。このアンバラスはいたし方ないといえばいたし方ないが、EUは七〇年に統一されているのにEUと同等の先進国とされている日本は五〇年というのでは落ち着きは悪くなる。

そもそも著作物の保護期間延長問題は、日本国内で議論し、著作権法の改正をおこなうべきものである。日本国内において保護期間延長に反対する勢力があることは先に述べた。一方、保護期間延長の要請は少なくとも一九九三（平成五）年八月三一日、ＪＡＳＲＡＣは、著作権審議会第一小委員会の意見聴取に応え、保護期間の五〇年から七〇年への延長を要請している。これは、権利者側から行われているものであって、権利者側からの要請はまた正当なものであった。著作権法改正の中心となる文化庁著作権課が、反対派である利用者側の意見と権利者側の意見のバランスをとろうとするなどのスタンスこそが問題の解決を長引かせてきたようにも思える。

文化庁は、著作権法の目的に書かれているように、文化の発展に資する役割を担う立場であるのだからもっと断固とした哲学をもって実施すべきであった。それができないからなのか、外圧、すなわちアメリカからの圧力を利用し、あるいはＴＰＰの枠組みを利用してきたように見えてしまう。ＴＰＰからアメリカが脱退したとき、対応策がなくなり、結果著作権法の法改正は行えたもののその施行は、ＴＰＰが発効するのを待たねばならなくなり、そしてアメリカが脱退してしまった以上、それまでの枠組みでは発効できない状態になり、アメリカ抜きの一一か国の再交渉で発効させるしかない状態となってしまったのである。

このように、紆余曲折はあったが、結論をいえば、改正前の著作権法においては、著作物等の保護期間は原則として著作者の死後五〇年までとされていたが、「環太平洋パートナーシップ協定の締結及び環太平洋パートナーシップに関する包括的及び先進的な協定の締結に伴う関係法律の整備に関する法律」（平成二八年法律第一〇八号。以下「TPP整備法」という）による著作権法の改正により、原則として著作者の死後七〇年までとなった。

TPP11協定の発効日が二〇一八（平成三〇）年一二月三〇日となったことにより、著作物等の保護期間の延長を含めた著作権法改正が同日から施行されることとなり、原則として一九六八（昭和四三）年以降に死亡した著作者の著作物の保護期間が延長されることとなった。具体的には、一九六八（昭和四三）年に死亡した著作者の著作物の保護期間は二〇一八（平成三〇）年一二月三一日までであったが、二〇一八（平成三〇）年一二月三〇日付けで著作者の死後五〇年から七〇年に延長されることになり、二〇年長く著作物が保護されることとなったわけである。

例えば、洋画家の藤田嗣治の著作物は、藤田が一九六八（昭和四三）年に死亡していることから、一九六九（昭和四四）年一月一日から起算して、これまでは五〇年後の、二〇一八（平成三〇）年一二月三一日までの保護期間だったが、TPP整備法による著作権法の改正により、七〇年後の、二〇三八年一二月三一日まで保護されることとなった。

第三節　著作権等侵害罪の一部非親告罪化

親告罪であったものが非親告罪になることによって、何が問題となるのか。それとも非親告罪の方がなぜいいのかという問題でもある。

（1）親告罪とは

そもそも親告罪とは何か、ということから始めよう。

親告罪とは、公訴（検察官が被疑者を裁判所に訴えること）の提起に告訴（被害者等が捜査機関に対し犯罪事実を申告し、犯人の処罰を求める意思表示）のあることを必要条件とする犯罪である。親告罪であるかどうかは、その犯罪ごとに明文で規定されている。

親告罪が認められるのは、強制わいせつ罪や強姦罪のように事件を公にすると逆に被害者の不利益となるおそれがあり、又はちょっとした物を壊したときの器物損壊罪など事件が軽微で被害者の望まないものまで処罰する必要がないといった場合などのためである。

条文は以下のとおりである。

刑法第一八〇条（親告罪）

第一七六条から第一七八条までの罪及びこれらの罪の未遂罪は、告訴がなければ公訴を提起することができない。

＊刑法一七六条（強制わいせつ）、第一七七条（強姦）、第一七八条（準強制わいせつ及び準強姦）

（2）著作権法における親告罪

親告罪によく出される例として刑法にある強姦罪などを引いたが、本章で問題にしている著作権法ではどのようになっているかをみてみよう。

加戸守行著『著作権法逐条講義（六訂新版）』第八章罰則第一一九条の逐条講義では以下のように述べられている。

もっとも、本条で保護しようとする法益は、第一義的には、著作者人格権・著作権・出版権、実演家人格権又は著作隣接権という私権であって著作者等の事後追認又は事後許諾により適法化される性格を有するものでございまして、被害者である権利者の意思を無視してまで訴追するものとすることは適当ではないと考えられますので、第一二三条第一項において親告罪といたしております。

本条の罰則自体の効果もさることながら、本条が実質的に大きな意味を有するのは、行為者に与える心理的影響と刑事告訴に伴う公権力による犯罪捜索あるいは証拠物件等の押収・差押えにあるということができましょう。民事訴訟による場合には、侵害状況の具体的立証には困難を伴いがちでありますが、刑事訴追の場合には犯罪の立証が検察官によって行われるという点において、権利者保護の見地から、その実効性を期することができるということがいえましょう（八一五〜八一六頁）。

＊第一二三条第一項

第一一九条、第一二〇条の二第三号及び第四号、第一二一条の二並びに前条第一項の罪は、告訴がなければ公訴を提起することができない。

＊被害者の告訴がなければ公訴を提起できない親告罪（加戸著『逐条講義』（八五〇頁）による）

第一一九条（権利侵害等の罪）

第一二〇条の二第三号（権利管理情報営利改変等の罪）

第一二〇条の二第四号（国外頒布目的商業用レコードの営利輸入等の罪）

第一二一条の二（外国原盤商業用レコード無断複製の罪）

第一二二条の二第一項（秘密保持命令違反の罪）

（3）親告罪を非親告罪にすることの意味

右の引用にあったように、著作権等は私権であって著作者等の事後追認又は事後許諾により適法化される性格を有することから、被害者である権利者の意思を無視してまで訴追することは適当ではないと考えられることから親告罪とされていた。

現在まで、それなりに法的安定性が保てていた親告罪の法体系をわざわざ非親告罪化しなければならないのか、本当はその明確な理由が示されなければならない。基本は、著作権の権利者が訴えてはじめて事件化されたものが、権利者が望んでいないにも拘わらず、第三者が訴えを起こすことができるようにする、ということである。現実問題として著作権侵害は日常的に広範囲にわたって行われているし、その逸失利益も膨大なものになっているはずではある。

だが著作権侵害の権利者でもない第三者が勝手に訴訟を起こすことができることになれば、法的安定性は保てないばかりか、非常に訴訟が多くなることが懸念され、社会的にも人間の精神、気持ちが不安定になるように思える。

（4）なぜTPPの議題になるのか

この問題は、一九八九年からはじまる日米構造協議の議題に含まれていたかどうかは遡って調査しなければわからないにしても、いつの時点からかアメリカ政府からの強い要望があったことが想像される。

TPP交渉がはじまるやアメリカ政府は日本政府への要望だけでなく、この問題を日本ばかりでなく、他の交渉国へも広げ要望したように思える。一方でアメリカ政府の圧力に屈した日本政府はTPPで決定されれば協定の圧力として非親告罪を受け入れざるを得ないように状況を作ったかもしれない。

（5）日本弁護士連合会（日弁連）の反対

親告罪の非親告罪化に対して早期から公的に反対意見を表明したのは日本弁護士連合会（日弁連）であった。「著作権罰則の非親告罪化に関する意見書」（二〇〇七年二月九日）から抜粋して引用する。

（2）著作権侵害等の犯罪が親告罪とされている理由

ところで、著作権侵害等の犯罪が親告罪とされている理由は、その保護法益が私的利益であること、さらに加えて、これを認知するのは侵害行為に最も敏感で、しかもその事情をよく知る被害者（著作権者等）の告訴に待つのが、相当であるからであると解される（香城敏麿「著作権法」注解特別刑法第四巻八八五乃至八八六頁参照）。

かかる立法理由を考えると、多様な著作物に対する多様な態様の著作権等侵害を、非親告罪にしても、刑事罰による抑止として有効か否かは疑わしいと言わなければならない。

著作者人格権侵害の罪についていえば、人格的利益を保護法益とするので、被害者の感情に反してまで国家が介入するのは不適当であり、公に公訴提起することによってかえって被害者の被害を拡大する場合もある。また、何よりも名誉、名誉感情にかかる犯罪は、被害者の告訴に待たなければ通常、国家はこれを認知しがたい。このような事情から非親告罪化は著作権侵害の犯罪の場合にも増して適切ではない。

（3）国会答弁に見る従来の文化庁の見解

ちなみに、第一四七回通常国会参議院文教・科学委員会会議録第五号（平成一二年三月一六日）において、政府参考人である近藤信司氏（当時・文化庁次長）は、次のように答弁している。「特許法におきましては、権利者のほとんどが法人と考えてもよい、こういう状況にございまして、人格的利益の保護という色彩が薄れてきたのではないか、こんなようなことから、平成十年の法改正におきまして、従来親告罪であった侵害罪を非親告罪と、このように改めた、このように私ども承知をいたしております。そこで、この著作権等侵害罪の非親告罪化でございますが、これもまた著作権審議会でも議論があったわけでございますが、著作物には営業的に利用されないものが多いなど、なお特許と比較して私益性が強いのではないか、あるいは特許権とはそういったことで異なる事情が多い、こんなことから従来どおり親告罪とする取り扱いを維持したわけでございますが、なお今後、著作権をめぐります状況の変化等を十分見定めながらさらに検討を続けてまいりたい、かように考えておるところでございます」。

以上のとおりであるが、日弁連はこの意見書を、二〇〇七年二月一五日に知的財産戦略本部、知的財産戦略本部知的創造サイクル専門調査会、阿部博之同調査会会長、同調査会委員及び知的財産戦略推進事務局宛に提出している。既に一〇年以上前の話である。

(6) TPPと非親告罪化に係る著作権法改正

二〇一六（平成二八）年三月内閣官房が発表した「環太平洋パートナーシップ協定の締結にともなう関係法律の整備に関する法律案の概要」によれば、

B. 著作権等侵害罪の一部非親告罪化は、

①対価を得る目的又は権利者の利益を害する目的があること

②有償著作物等について原作のまま譲渡・公衆送信又は複製を行うものであること

③有償著作物等の提供・提示により得ることの見込まれる権利者の利益が、不当に害されること

であり、この三条件を満たす場合に限るとされた。さらに非親告罪となる侵害行為の例として、

販売中の漫画や小説本の海賊版を販売する行為
映画の海賊版をネット配信する行為

を挙げている。また、親告罪のままとなる行為の例として、

漫画等の同人誌をコミケで販売する行為
漫画のパロディをブログに投稿する行為

を挙げている。

そして、非親告罪化はＴＰＰ関連法案（「環太平洋パートナーシップ協定の締結に伴う関係法律の整備に関する法律案」（第一九〇回国会閣法第四七号））に含まれ、二〇一六（平成二八）年に第一九〇回国会に提出され、同年一二月九日参議院本会議において可決、成立した。

念のため著作権法がどのように改正されたかを記載しておく。改正部分は著作権法第一二三条であるが、同条は「第一一九条、第一二〇条の二第三号及び四号、第一二一条の二並びに前条第一項の罪は、告訴がなければ公訴を提起することができない」と規定されていた。そこに以下が追加されることになった。

（http://www.sangiin.go.jp/japanese/joho1/kousei/gian/192/pdf/s031900471920.pdf 参議院議案情報参照）

2　前項の規定は、次に掲げる行為の対価として財産上の利益を受ける目的又は有償著作物等の提供若しくは提示により著作権者等の得ることが見込まれる利益を害する目的で、次の各号のいずれかに掲げる行為を行うことにより犯した第百十九条第一項の罪については、適用しない。

一　有償著作物等について、原作のまま複製された複製物を公衆に譲渡し、又は原作のまま公衆送信（自動公衆送信の場合にあつては、送信可能化を含む。次号において同じ。）を行うこと（当該有償著作物等の種類及び用途、当該譲渡の部数、当該譲渡又は公衆送信の態様その他の事情に照らして、当該有償著作物等の提供又は提示により著作権者等の得ることが見込まれる利益が不当に害されることとなる場合に限る）。

二　有償著作物等について、原作のまま複製された複製物を公衆に譲渡し、又は原作のまま公衆送信を行うために、当該有償著作物等を複製すること（当該有償著作物等の種類及び用途、当該複製の部数及び態様その他の事情に照らして、当該有償著作物等の提供又は提示により著作権者等の得ることが見込まれる利益が不当に害されることとなる場合に限る）。

3　前項に規定する有償著作物等とは、著作物又は実演等（著作権、出版権又は著作隣接権の目的となつているものに限る）であつて、有償で公衆に提供され、又は提示されているもの（その提供又は提示が著作権、出版権又は著作隣接権を侵害するもの（国外で行われた提供又は提示にあつては、国内で行われたとしたならばこれらの権利の侵害となるべきもの）を除く）をいう。

＊著作権法第百十九条第一項　著作権、出版権又は著作隣接権を侵害した者（略）は、十年以下の懲役若しくは千万円以下の罰金に処し、又はこれを併科する。

第四節　著作権の戦時加算問題

ＴＰＰのうち、著作物の保護期間（著作権の存続期間）については述べてきたが、著作物の保護期間の延長問題の他に、政治的課題ともいうべき著作権の戦時加算問題がある。

これは、現在では日本にのみ片務的に課せられた問題で、著作物の保護期間に日本が第二次世界大戦を開戦しサンフランシスコ講和条約を締結する前日までの間、日本は日本の敵国である連合国及び連合国民の著作物を保護していなかったのであるから、その間約一〇年間を通常の保護期間に加算して保護せよ、というサンフランシスコ講和条約の内容に従うものである。

（1）日本における戦時加算に関する決議（ＣＩＳＡＣ決議）

敗戦国、枢軸国であるイタリア、ドイツはその義務は既にない。このことにつき、加戸著『逐条講義（六訂新訂）』は、「同じ敗戦国のイタリアの場合でも、平和条約によって戦時加算をすることとなっておりますけれども、連合国でも同様の戦時加算をする場合にだけ加算義務規定が働くこととされており、実質的相互主義の原則に立脚しておりますし、ドイツは、平和条約を締結しませんでしたので、こういう戦時加算義務を負っておりません」（四二七頁）としている。斎藤博著『著作権法（第3版）』（二九七頁）は「ドイツに対しては、交戦国およびその国民に存続期間延長の機会は与えられていたが、交戦国等からの申告がなかったことから、ドイツからの戦時加算は行われていない」旨を記述している。

結局日本だけが戦後その戦時加算義務を七〇年以上にもわたって誠実に履行し続けてきたというわけであり、日本国内でも、もう履行しないでもいいのではないかという議論が出され、二〇〇七年六月一日、ＣＩＳＡＣ（著作権協会国際連合）総会において、ＪＡＳＲＡＣをはじめとした著作権管理団体（日本脚本家連盟、日本美術著作権機構）の要請により、日本が著作物の保護期間を延長したとき、ＣＩＳＡＣは、各国の著作権管理団体がそれぞれの会員に対し、この権利行使の凍結を働きかけることを全会一致で決議・採択したのである。このように民間レベルでは、日本国が保護期間を五〇年から七〇年へ延長したとき、CISAC段階では日本の戦時加算義務をこれ以上求めないように、関係する各国各著作権団体の会員権利者に働きかけるということになった。

より正確に記載すれば、次のような内容であった。

1　CISACは、加盟団体が会員に対し「戦時加算」の権利を行使しないよう働きかけることを要請する。

2　行使しないこととする時期については、日本の著作権保護期間が著作者の生存中および七〇年までに延長される時期等を基準に、当該加盟団体の判断に委ねる。

CISACはこの決議を日本政府に伝える。

(2) TPPでの議論　対象国は四か国

それを、さらにTPPの議論の中に持ち込み、一二か国という国際経済協定の中においても、この民間レベルの合意内容をより現実のものとしようとする努力がなされていたところである。この一二か国のうち、日本としてサンフランシスコ講和条約上の義務を負うのはアメリカ、カナダ、オーストラリア（同国は後に放棄を約束している）、ニュージーランドの四か国である。しかもこの四か国はこの問題の解決に積極的にかかわろうとする態度はあまりなかったであろうことは想像に難くない。その他の国は対象となっていない。TPPの議論の中では、保護期間の延長問題は五〇年から七〇年に延長することが決定している。このような状況の中で、日本政府はTPPの枠組みを利用してまでも保護期間の延長問題に併せて戦時加算問題の前進を図ろうとした。

(3) 戦時加算問題はいずれ自然消滅する

戦時加算問題はいずれ自然消滅する。保護期間が五〇年から七〇年に延長されるが、連合国及び連合国民の著作物の保護期間は、この七〇年に戦時加算として約一〇年が加算され、八〇年になるが、保護期間が二〇年間延長され、さらにそれに一〇年間が戦時加算されるわけであるから、合計三〇年間たてば、すべての著作物の保護期間が満了するということであるからだ。もちろん世界が保護期間一〇〇年としているメキシコに合わせようとするなら、そのようにもなるであろうが、それはそのとき考える他はないとしても有期限であることはまちがいない。

文化の発展の観点からいえば、戦時加算とはいえ保護期間を延長することは、そんなに悪いことではない。日本国内でこれらの作品が利用されれば、その著作物使用料は外国の権利者に分配されるのであるから、著作権法の目的はそれなりに達成される。

戦時加算早期解消の論理は、日本が戦争に敗れて、サンフランシスコ講和条約によって敗戦国として連合国に義務を負うことになるのに、同じ敗戦国であるドイツやイタリアは戦後まもなく実質的にその戦時加算義務は解消されている。日本だけがその義務を戦後七〇年以上にもわたって誠実に履行してきたのであるから、もうこの義務を果たさなくてもいいのではないか、というものである。

この理屈は、敗戦国に課せられた義務の解消を求めているに過ぎない。本来の著作権問題とは異なる。サンフランシスコ講和条約の該当部分を変更することが本筋であるはずだが、大戦争後のこの講和条約を著作権の戦時加算問題があるからといって、また敗戦国日本からの要望があるからといって変更することは、明確にいえば戦時加算問題を解消するために、連合国が集まって協議するほどの大問題ではないと思われる。それに時がくれば著作権は必ず消滅して解消される問題である。そもそも戦争に負けること、いや戦争を起こすこと自体、そのようなリスクを伴うものだったのだ。やはり敗戦という屈辱に耐えるべき問題でもある。そして戦時加算問題は、連合国及び連合国民の著作者遺族等に一〇年間経済的利益等をもたらしたという話である。

戦後レジュームからの脱却などという言葉があるが、敗戦義務を終わりにして、再び日本が自立し戦争への道をひた走る引き金として戦時加算解消もまた利用されることになるならそれは反対せざるを得ないことにもなる。だが、保護期間延長と戦時加算解消を求めるのは主に権利者及びその団体であり、文化芸術の発展を願うものであり、基本的に戦争に反対する立場のものである。

戦時加算解消に積極的意味を見出すならば、通常の保護期間の延長問題の中に戦時加算というイレギュラーな事項を解消し、日本の著作権制度をよりすっきりさせようという意味に他ならない。

さらにいえば、連合国及び連合国民の著作物を紹介するにあたって戦時加算問題に触れ、戦争はこのような問題も引き起こすことになると戦争の悲惨さばかりでなく文化芸術の面でもさまざまな義務を負うことを伝えるものであり、戦争を二度と繰り返してはならない一つの根拠とすることもできるということだ。

（４）戦時加算解消の最終段階

日本はＴＰＰに基づき著作権の保護期間を五〇年から七〇年に延長することとなった。オーストラリア政府はＴＰＰ発効後、日本に対して戦時加算について権利行使しないことを決定したという書簡を送ってきている。

だがこの政府の書簡とはいえ法的拘束力がないとのことから、仮にオーストラリアの著作権者が戦時加算の権利行使をしたいと主張した場合に法的にそれに対抗できないということである。そして松野博一文部科学大臣は「しかしながら、戦時加算は重要な課題であることから、日本とオーストラリアの政府間で文書を交わし、この問題への対処のため、権利団体と権利者の間の対話を奨励すること、必要に応じ、これらの対話の進捗状況を把握したり他の適切な措置を検討するため政府間で協議を行うことを確認しているところであり、この枠組みに従って政府として必要に応じ、関係省庁間で連絡をしつつ、対象国への働きかけを努めていく考えであります」（第一九二回国会の参議院「環太平洋パートナーシップ協定等に関する特別委員会」（平成二八（二〇一六）年一一月一四日開催）と答弁している。

日本とオーストラリアはこのような状況に至っているが、ＴＰＰの戦時加算対象の他の三か国（アメリカ、ニュージーランド、カナダ）に対しても同様な水準の書簡を交わすことが重要となってくる。

当然のことながら、現在ＴＰＰの枠組みの他に、日本とＥＵ（欧州連合）の経済連携協定の交渉が二〇一七年七月に大筋合意に達していることから、このＥＵのうちの戦時加算対象国であるイギリス、オランダ、ギリシャ、フランス、ベルギーの五か国に対しても日本政府としては、オーストラリア政府との書簡交換に相当する水準の戦時加算解消のための方策を探るべきであるということになる（平成三〇年七月一七日付外務省ＨＰ　日ＥＵ経済連携協定（ＥＰＡ）―「著作権の保護期間に関する日本国政府とＥＵ加盟国（英、蘭、ギリシャ、仏、ベルギー）政府との間の書簡」参照）。

振り返って見れば、ＣＩＳＡＣ決議を引き継ぐかたちで政府が動いたことは、今後戦時加算解消に向けて更なる一歩となっているともいえる。

＊戦時加算

（注１）　条約上は一九六七年以前に死亡した著作者は、死後五〇年を経過し、二〇一七年末で保護期間は満了することになるが、わが国は平和条約の規定により戦時加算の義務を負っていることから、その対象国民の著作物については、約一〇年の期間を通算して保護しなければならない。ま

た「連合国及び連合国民の著作権の特例に関する法律」第四条第二項により、戦争中に創作された著作物については著作権取得日から平和条約発効の前日（または批准の前日）までを戦争期間として加算する。

（注2）ＪＡＳＲＡＣのＨＰ（http://www.jasrac.or.jp/senji_kasan/about.html）は、戦争期間中に公表された作品につき、以下に説明している。「ポピュラー・ソングのひとつ、『Lover Come Back To Me（恋人よ我に帰れ）』。この作品は戦争期間中の一九四三年三月三一日に公表されました。作詞したアメリカ国籍のOSCAR HAMMERSTEIN II は一九六〇年に亡くなっていますので、その著作権は日本では通常であれば二〇一〇年一二月三一日をもって消滅しますが、戦時加算の対象であるため、作品の公表日一九四三年三月三一日から平和条約発効日一九五二年四月二八日の前日までの三三一六日が加算され、二〇二〇年一月二九日まで存続することになります。

第五節　ＴＰＰ～日・ＥＵ経済連携協定（ＥＰＡ）

ＴＰＰとは別に経済連携協定である日・ＥＵ経済連携協定が二〇一七年一二月にすでに合意に達していた。この日・ＥＵ経済連携協定の中に日本の著作権存続期間を五〇年から七〇年に変更することが記載されている。ＥＵはすでに保護期間は七〇年になっているのであるから、日本に対して七〇年に延長することを要求したことは当然であるだろう。そして交渉の結果は容易に七〇年になったはずである。

日・ＥＵ経済連携協定という条約の締結に基づき、ＴＰＰに関連した法改正とは別に、日本の著作権法の改正を行うことによって、日本の著作権の存続期間は五〇年から七〇年に延長されることになる。日本とＥＵは、今後協定発効に向けた承認手続きに入るが、二〇一九年三月末までの発効をめざすことになっている。本来なら二〇一八年通常国会で法改正をおこない二〇一九年一月一日から施行ということが妥当な日程であった。

二〇一七年一二月、外務省経済局より「日本とＥＵ（ヨーロッパ＝欧州連合）における経済連携協定（ＥＰＡ）に関するファクトシート（概要報告書）」が公開されている。それによれば、著作権及び関連する権利として「著作者、実演家、レコード製作者及び放送機関の権利の保護、著作物等の保護期間の延長（著作者の死後七〇年等）、権利の制限と例外等について規定する」とある。

このように、アメリカ抜きの「ＴＰＰ11」で協定を実施することとなり、日本においては、著作権法の改正は既に行われていたものの、その施行日は、アメリカが脱退してしまったため、宙に浮いたままであったが、ここにきてその施行日をＴＰＰ11の発行日とする法改正を行うということであった。日・ＥＵ経済連携協定においても保護期間は延長されることになっていることから、その施行日は近い将来確実に決定されるということになる（外務省ホームページによれば、日・ＥＵ経済連携協定は二〇一九年二月一日発効となっている）。

《引用文献》

内閣官房「環太平洋パートナーシップ協定の締結に伴う関係法律の整備に関する法律案の概要」www.cas.go.jp/jp/houan/160308/siryou1.pdf（平成二八年三月）
加戸守行著『著作権法逐条講義（六訂新版）』（著作権情報センター、平成二五年）
日本弁護士連合会「著作権罰則の非親告罪化に関する意見書」（二〇〇七年）
「環太平洋パートナーシップ協定の締結に伴う関係法律の整備に関する法律案」（第一九〇回国会閣法第四七号）（http://www.sangiin.go.jp/japanese/joho1/kousei/gian/192/pdf/s0319004719 20.pdf）
「環太平洋パートナーシップ（ＴＰＰ）協定に伴う制度整備の在り方等に関する報告書」（平成二八年二月　文化審議会著作権分科会　法制・基本問題小委員会）
ＪＡＳＲＡＣのＨＰ（http://www.jasrac.or.jp/senji_kasan/about.html）

《参考文献》

村上直久著『ＷＴＯ　世界貿易の行方と日本の選択』（平凡社新書、二〇〇一年）
渡辺惣樹著『ＴＰＰ知財戦争の始まり』（草思社、二〇一二年）
著作物等の保護期間の延長に関するQ&A：文化庁
www.bunka.go.jp/seisaku/chosakuken/.../1411890.html
環太平洋パートナーシップ協定の締結に伴う関係法律の整備：文化庁
www.bunka.go.jp > ... > 政策について > 著作権 > 最近の法改正等について

第六章 「共謀罪」と著作権

第一節　「共謀罪」とは何か

(1)「共謀罪」施行前の日本の法体系

「共謀罪」施行前の日本の刑法の体系は、「日本は、被害の発生やその科学的な危険性を処罰根拠として、既遂・未遂・予備を時間的にさかのぼって処罰する体系を確立している」、「また、古くから共謀共同正犯の法理を用いて、組織犯罪対策を進めてきた」のだ（高山佳奈子著『共謀罪の何が問題か』岩波ブックレット、一三頁）。この既遂とは、殺人でいえば既に人を殺してしまったことをいい、未遂とは、よく殺人未遂などと報道されているように、殺人にまでいたらなかった状態をいう。また予備というのは、殺人、実際に人を殺す前の段階の行為で、例外的に罰せられる。放火、通貨偽造、強盗なども同様とされる。

「共謀罪」施行前の日本は、世界でも最も治安のよい国のひとつであると高評価されていたが、確かにメディアによって報道される世界の犯罪状況と比較すれば、かなり治安が良いと実感できる。海外に行けば、日本の治安の良さがよくわかるというものである。この日本の治安の良さは、長い歴史の中で積み重ねられてきたものであり、そこにはある合理性や一貫性があると考えることができる。

日本の法体系は明治時代以降、ヨーロッパの大陸法を継受し、大陸法の考え方に沿って新たな法律を制定し改正してきたが、この近代日本法制の枠組はそれなりの法的安定性を保ってきた。だが、こうした法制の展開は、全く批判が無いなかで進んだわけでもない。多くの批判を浴びながら制定され、改正されてきた法律もある。それにしても今回の「共謀罪」は、内容も法制化の手続きも異様であることに注目せざるを得ない。

(2)「共謀罪」の正式名称

法的安定性をそれなりに保ってきた日本の法体系に新たに「共謀罪」を付け加えることが、本当に必要であったのか。多くの反対意見があったにも拘わらず、それは改正法の形で成立施行され、現在はこれに違反すれば逮捕される可能性がある。

「共謀罪」の改正法案は、政府から既に三回も国会に提出されていたが、いずれも廃案となっていた。それにも懲《こ》りずに政府は二〇一七年三月二一日、正式名称でいえば「組織的な犯罪の処罰及び犯罪収益の規制等に関する法律等の一部を改正する法律案」(改正組織的犯罪処罰法)を閣議決定し、国会に提出したわけである。国会に提出した政府とその賛成派はこの法案を「テロ等準備罪」といい、この法案に反対してきたものはそれを「共謀罪」と呼んできた。

法務省ホームページ（二〇一八年九月八日現在）から「組織的な犯罪の処罰及び犯罪収益の規制等に関する法律等の一部を改正する法律」のエッセンスを引用する。

第六条の次に次の一条を加える。

（テロリズム集団その他の組織的犯罪集団による実行準備行為を伴う重大犯罪遂行の計画）

第六条の二　次の各号に掲げる罪に当たる行為で、テロリズム集団その他の組織的犯罪集団（団体のうち、その結合関係の基礎としての共同の目的が別表第三に掲げる罪を実行することにあるものをいう。次項において同じ。）の団体の活動として、当該行為を実行するための組織により行われるものの遂行を二人以上で計画した者は、その計画をした者のいずれかによりその計画に基づき資金又は物品の手配、関係場所の下見その他の計画をした犯罪を実行するための準備行為が行われたときは、当該各号に定める刑に処する。ただし、実行に着手する前に自首した者は、その刑を減軽し、又は免除する。
一　別表第四に掲げる罪のうち、死刑又は無期若しくは長期十年を超える懲役若しくは禁錮の刑が定められているもの　五年以下の懲役又は禁錮
二　別表第四に掲げる罪のうち、長期四年以上十年以下の懲役又は禁錮の刑が定められているもの　二年以下の懲役又は禁錮
2　前項各号に掲げる罪に当たる行為で、テロリズム集団その他の組織的犯罪集団に不正権益を得させ、又はテロリズム集団その他の組織的犯罪集団の不正権益を維持し、若しくは拡大する目的で行われるものの遂行を二人以上で計画した者も、その計画をした者のいずれかによりその計画に基づき資金又は物品の手配、関係場所の下見その他の計画をした犯罪を実行するための準備行為が行われたときは、同項と同様とする。
(http://www.moj.go.jp/keiji1/keiji12_00142.html)

さらに、この法務省のＨＰ「テロ等準備罪の処罰範囲について」（ＰＤＦ文書）には、「テロ等準備罪の成立要件」として以下の三要件が記載され、これら三要件を全て満たさなければ、テロ等準備は成立しない、としている。

①「組織的犯罪集団」が関与すること
②犯罪の実行を二人以上で「計画」すること
③計画に基づき「実行準備行為」が行われること

この三要件をよく読んでみると、意味が不明な点が多く、いくらでも拡大解釈できるような書き方になっている。実際問題として、この法律の解釈は警察が行うのであって、警察が一方的、独断的に「テロリズム集団」、その他の「組織的犯罪集団」の構成メンバーを逮捕するというだけでなく、「テロリズム集団」、その他の「組織的犯罪集団」の構成メンバーとして警察から疑われれば、場合によっては逮捕・拘束されるということになっている。

(3)「共謀罪」の成立と著作権法への影響

ここでは、表題のとおり「共謀罪」の成立と著作権法への影響について考える。
「共謀罪」の正式名称は「組織的な犯罪の処罰及び犯罪収益の規制等に関する法律等の

一部を改正する法律」（改正「組織的犯罪処罰法」）であるが、政府やその賛成派はこの法律を「テロ等準備罪」といい、反対しているものは「共謀罪」とよんでいることは先にも述べた。

右に追加記載された第六条の二・別表第三の五五には、「著作権法第一一九条第一項又は第二項（著作権等の侵害等）の罪」として記載されている。

この法律が影響を与える関係法規は二七七法規とも三〇〇法規ともいわれているが、その関係法規がこの別表にも記載され、著作権法もそこに記載があるというのだ。なぜ「共謀罪」は、こんなにも多くの法律に影響を与えるのかを、とりあえず著作権法を例にして考えてみるならば、著作権法には著作権（著作者人格権、著作財産権）に対する権利侵害が行われれば、すぐさまその侵害行為を止めさせることのできる差止請求（第一一二条）の手続きや、第一一三条には侵害とみなす行為が規定されていて、権利侵害が認められれば差止も認められ損害賠償も認められるし、刑法に即した罰則が第一一九条以下に定められているからである。

つまり著作権法に共謀罪の趣旨が反映されることになる。それでは共謀罪の趣旨とは何か。先に整理した内容を見てみよう。

この法律（共謀罪）が適用されるのは――①重大な犯罪を計画した組織的犯罪集団が、②役割分担して犯罪の実行に合意し、③犯罪の実行に向けて準備行為をし、その準備行為として、(a)物品や資金の手配、関係場所の下見、(b)凶器を買うお金を銀行からおろした、(c)ハイジャックに向けて飛行機を予約した、などの場合である。この「組織的犯罪集団」とは二人以上をさしている。

このような状況を著作権法に適合させて考えるとすれば、著作権侵害を行うために二人以上の組織的集団を作り、侵害行為を行うためにその準備をし、まずは銀行に行きお金を用意する、といった場合であろう。ここで問題となる著作権侵害行為とは、例えば、売れ筋のＡＫＢ48のＣＤを無断で大量に複製し、売りさばき、利益を得ることなどが、まずは単純な例として考えられる。

だが、こんなことは著作権侵害事件としていくらでもあったし、いくらでも被疑者の検挙は可能であった。特別に「共謀罪」などは必要ない。問題はこの著作権侵害は従来「親告罪」であったが、ＴＰＰによる法改正によって既に一部「非親告罪」化されたことは先にふれたとおりである（第五章第三節参照）。ＣＤの無断録音は複製権の侵害であり、従来はその音楽作品の著作権者からの告訴を待って、警察が動きだしたわけであるが、今後は

ＴＰＰによる法改正や今回の共謀罪の成立によって著作権者の告訴を待たず、警察が単独に著作権法第一一九条違反としてその組織的犯罪集団を取り締まることができる、と理解することができそうだ。

東京新聞二〇一七年四月二〇日付の朝刊（ＷＥＢ版）によれば、民進党（当時）の枝野幸男は、共謀罪の対象犯罪に著作権法違反（著作権侵害）が含まれていることを疑問視し、ＪＡＳＲＡＣ（日本音楽著作権協会）がピアノ教室などの演奏に著作権使用料を課そうとしている問題に言及して、音楽教室の人たちが「組織的犯罪集団」に当てはまりかねないと指摘した。これに対して法務省の林真琴刑事局長が「著作権法違反という犯罪行為を行うために集まっていることを立証できなければ、共同目的が犯罪実行にある（組織的犯罪集団）とはいえない」と説明したのに対し、枝野は「そんなこと、条文のどこに書いてあるのか。明らかに法の欠陥だ」と追及した。

著作権の侵害行為は、著作権侵害であると認識せぬまま無意識に行ってしまうこともあれば、侵害行為であるかもしれないと疑いつつも大したことではないと思って実行してしまう場合もあるだろう、明らかに侵害行為であることを理解しつつも、誰も見ていないしバレないだろうと思ってやってしまう場合もあるだろう。

だが、こういうケースはどうだろう。

ある作詞家と作曲家が核戦争反対の反戦歌を二人で作り、インターネットで流したり、国会周辺で歌っていたりするうちに、大きな反響を生み、その反戦歌が日本社会に大きな影響を及ぼすことになった、という場合である。時の政権はこの反戦歌が世に広まることを嫌がるに違いない。この音楽作品が、著作権法違反にならないよう細心の注意を払って発表されていればいいが、替え歌であったり既成曲に非常に似ていたりすれば、著作権侵害で関係者が一網打尽に逮捕されることになりかねない、という危険性が出現したということなのだ。「著作権侵害」という〝罪状〟が、言いがかりとして乱用される場合もあり得るということになる。反戦歌などを作ったらひどい目にあうぞ、という見せしめ的な抑止力が生じることになれば、そのことこそが問題なのだ。

「共謀罪」の目的は、著作権法に関していえば、著作権の侵害行為にひっかけて、組織犯罪を取り締まることもあるであろうが、むしろ一般市民を取り締まることにもなり、一般市民を自粛させる意図も隠されていることになる。

（4）なぜ「テロ等準備罪」か

政府が二〇一七年三月二一日に、正式名称「組織的な犯罪の処罰及び犯罪収益の規制等に関する法律等の一部を改正する法律案」を閣議決定し、国会に提出したことは既に述べた。ところがこの正式名称の中に政府がいう「テロ等準備罪」という言葉は一言も含まれていないし、この法律名からはそれを推測することすらできない。「テロ等準備罪」と聞けば、正式名称にある「組織的な犯罪」という言葉から、私たちは、二〇〇一年九月一一日のニューヨーク、世界貿易センタービルへ航空機で突っ込んだ自爆テロや、ＩＳ（イスラム国）が世界で繰り広げてきたあの恐ろしいテロリズムを想像してしまうであろう。しかも総理大臣は、二〇二〇年のオリンピック・パラリンピック開催時のテロ等を防止するためにもこの法案は絶対に通さなければならない、と説明していた。

「組織的な犯罪の処罰及び犯罪収益の規制等に関する法律等の一部を改正する法律案」は「テロ等準備罪」ではない。あくまでも「組織的な犯罪の処罰及び犯罪収益の規制等に関する法律」である。この法律について政府は、国際条約を批准するためにも必要だなとも説明していたのである。この国際条約の正式名称は、「国際的な組織犯罪の防止に関する国際連合条約」（通称「国連国際組織犯罪防止条約」、「越境犯罪防止条約」、「ＴＯＣ条約」、「パレルモ条約」とも呼ばれる）であり、テロではなくマフィア、日本でいえば、暴力団等対策の条約である。

しかもテロ対策の諸条約は全く別の体系のものとして既に作られているのだ。髙山佳奈子著『共謀罪の何が問題か』（岩波ブックレット）はいう。

国際法上の取組みを見ても、マフィア対策とテロ対策とは別々の体系を構成してきました。国連国際組織犯罪防止条約が、二〇〇一年の同時多発テロ事件よりも前にできたマフィア対策の条約であり、これと別に、テロ対策の国際条約は、同時多発テロの前後を通じて採択されてきました。国連条約としては、外交官等保護条約（一九七三年採択、一九七七年発効）、人質をとる行為に関する条約（一九七九年採択、一九八三年発効）、爆弾テロ防止条約（一九九八年採択、二〇〇一年発効）、テロ資金供与防止条約（一九九九年採択、二〇〇二年発効）、核テロ防止条約（二〇〇五年採択、二〇〇七年発効）の五つがあり、他に、八つの多国間国際条約があります。日本はこれら一三の主要国際条約および議定書について、すべて国内法整備をすませて締結ずみです（三五頁〜三六頁）。

これ以上述べることもないが、政府の答弁、オリンピック・パラリンピック開催、招致のためというのなら、既にテロ対策は終わっているのであって、政府答弁は嘘ということになる。

政府は国民に嘘をついてまで、強引にこの法律の改正案を国会に通してしまったが、その目論見は一体何だったのだろう。総理大臣も法務大臣も無知で官僚の作成した答弁書を読み上げるだけで通してしまったのであるなら、内閣府、外務省や法務省等の官僚がどのような意図でこの法案を国会に上げ、通してしまったのか、その理由が知りたくなる。

「共謀罪」法案を政府が無理矢理に成立させてしまったその不合理の真相を、合理的に究明するのは極めて困難である。だが、この疑問を解明せぬことには、日本の真の自立などありえない。前出の髙山著『共謀罪の何が問題か』には「日本政府の態度変更の理由」を説明しうる重大な示唆が記されている。

日本弁護士連合会共謀罪法案対策本部の海渡雄一弁護士によりますと、日本政府は二〇〇〇年に採択された国連国際組織犯罪防止条約について、交渉過程では、共謀罪ではなく、ヨーロッパ大陸法の伝統ある他の多くの国々と同様に、参加罪（結集罪）

のオプションを提案していました。ところが、二〇〇〇年二月一五日に、ウィーン国際機関日本政府代表部の阿部信泰大使（当時）から外相宛てに発信された公電の表題に、「国際組織犯罪条約アドホック委員会第七回会合（非公式会合：本体条約に関する審議概要）」という非公式会合の開かれたことが示されています。非公式会合は、米国およびカナダとの間で行われました。そしてこの会合以降に、政府の態度が一変し、「共謀罪を設けないと条約の批准ができない」とするようになったというのです。問題の公電は、表題はわかっているのですが、その内容については、共謀罪に関する過去の国会審議で何度も開示要求があったにもかかわらず、明らかにされてないといいます。

海渡弁護士は、この非公式会合で、もともと共謀罪を備える米国から何らかの要求があった可能性がある、と指摘しています。ただ、もしも、米国から要求があったのだとしても、それは「米国に共謀罪処罰制度があるからそれに合わせてほしい」ということではないかもしれません。諸外国の例を見ますと、参加罪型の立法における処罰範囲は狭く限定されているものが多いです。共謀罪のほうが、捜査情報をより広範に収集できる場合が多いと考えられることが背景にあったように思われます（六六頁

〜六七頁)。

右の説明からいくつかの疑念が生ずるのは筆者だけではないはずだ。日本政府はこの条約について、交渉過程では、共謀罪ではなく、ヨーロッパ大陸法の伝統ある他の多くの国々と同様に、参加罪(結集罪)で交渉していた。だが二〇〇〇年二月一五日の、ウィーン国際機関日本政府代表部から外相に宛てた公電で明らかなように、米国およびカナダとの間で行われたという非公式会合以降に日本政府の態度が一変し、「共謀罪を設けないと条約の批准ができない」と言い張るようになったといっている点がまずある。

これを見るかぎり、カナダはともかくとしてまたもやアメリカの日本に対するごり押しのように感じられる。この国連国際組織犯罪防止条約が、二〇〇一年の同時多発テロ事件よりも前にできたマフィア対策の条約であり、しかもこれと別に、テロ対策の国際条約が、同時多発テロの前後を通じて採択されてきたのであって、日本政府が国会で説明する「テロ等準備罪」では決してないのである。矛盾が矛盾を生む政府の説明になっている。

日本政府の態度が一変したのちの「共謀罪を設けないと条約の批准ができない」という言い方には、この機を利用して日本の法体系の中に「共謀罪」を埋め込んでしまえと、という日本国内の政治的意図が潜んでいたと思われる。「共謀罪」を日本の法体系に埋め込んでしまいさえすれば、法改正の理由などはどうでもいい、ということであり、現在では、ＩＳ（イスラム国）等によるテロリズムを防止し、オリンピック・パラリンピックを無事終了させるための格好な説明根拠となっているようにも思える。

結局は、アメリカはじめとする英米法系が採用しているとされる「共謀罪」という犯罪概念を、アメリカの圧力によって、日本の法体系が保持してきたヨーロッパ大陸法の法制思想に反して日本の法体系に強引に持ち込んでしまったわけであろう。

アメリカや日本政府にとって、国民をあざむくやり方で「共謀罪」を日本の法体系の中に組み入れることが、それほど緊急で重要なのかという疑念が生じることになる。国連国際組織犯罪防止条約の批准などはどうでもよくて、どうしても日本の法体系の中に「共謀罪」を組み入れようとするアメリカの思惑、いや日米政府の思惑があったということになる。先に引用した「共謀罪のほうが、捜査情報をより広範に収集できる場合が多いと考えられることが背景にあったように思われます」というのが事態の真相だったであろうことが十分に考えられる。

第二節　監視社会

(1)「共謀罪」の真の狙い

いよいよ「共謀罪」とは何かということになる。

正式名称「組織的な犯罪の処罰及び犯罪収益の規制等に関する法律等の一部を改正する法律案」の、どこがどう改正されたのかは、法務省のホームページ等を閲覧すればわかるのであるが、まずは大筋を理解しておこう。前出の高山著『共謀罪の何が問題か』はこう指摘する。

そこで、「共謀罪法案の提出に反対する刑事法研究者の声明」で私たちは次のように懸念を表明しました。

「共謀罪」の新設は、共謀の疑いを理由とする早期からの捜査を可能にします。およそ犯罪とは考えられない行為までが捜査の対象とされ、人が集まって話しているだけで容疑者とされてしまうかもしれません。大分県警別府署違法盗撮事件のような、警察による捜査権限の行使の現状を見ると、共謀罪の新設による捜査権限の前倒しは、捜査の公正性に対するさらに強い懸念を生みます。これまで基本的に許されないと解されてきた、犯罪の実行に着手する前の逮捕・勾留、捜索・差押えなどの強制捜査が可能になるためです。とりわけ、通信傍受（盗聴）の対象犯罪が大幅に拡大された現在、共謀罪が新設されれば、両者が相まって、電子メールも含めた市民の日常的な通信がたやすく傍受されかねません。将来的に、共謀罪の摘発の必要性を名目とする会話盗聴や身分秘匿捜査官の投入といった、歯止めのない捜査権限の拡大につながるおそれもあります。実行前の準備行為を犯罪化することには、捜査法の観点からも極めて慎重でなければなりません（五七～五八頁）。

「共謀罪」法制では、「共謀罪」の疑いをかけられて自首した者は、必ず刑の減軽か免除という恩典を受けられることになっているし、既に二〇一六年の刑事訴訟法の改正によって司法取引の制度が導入されることも決まっている。司法取引とは、共謀者が密告などの〝捜査協力〟を行なうことで、その密告者の刑が減軽されるという、被疑者と司法当局との隠された取引を合法化した制度に他ならない。いままでの日本の刑事法制にはなかった司法取引であり、この国の法秩序に混乱を招きかねないものなのだ。

社会や市民にとって、まだ何も危険な兆候が確認できないにも拘わらず、「共謀罪」を実際に適用するとすれば、通信傍受の拡大やGPS装置を対象者の自動車等に付けるなど広範な監視体制を開始することができるし、警察の思惑しだいで嫌疑が不十分であっても摘発することができることになる。

この法律の対象はISのようにテロリズムを行う可能性のある組織やかつての過激派や組織暴力団などに限定されるので一般市民には関係ない、と政府は答弁するのだが、「共謀罪」反対のデモを国会周辺でおこなった市民や市民グループ、労働組合、平和団体等はどのように評価されることになるのか。現在の日本は理不尽な政策で溢れ返っている。沖縄辺野古基地の建設や原発の建設・再稼働などに反対している一般市民はどのようなことになるのか。監視の対象や他の一般市民による密告の対象になっていくと考えるのが合理的である。

捜査権限をもつ警察がどのような情報を得て一般市民や市民グループを監視することになるかといえば、一市民がどのようなチラシをもっていたか、どのような集会に参加していたか、日常的にどのような考えを持っていたか、どのような友人関係か、友人とどのようなメールのやり取りをしているか、どのようなウェブサイト等を閲覧しているかなどの、いわゆる市民の日常生活における〝ふつうの行動〟に他ならない。捜査当局はそれらを日常的に監視し、警察や検察の思惑しだいで、事前に逮捕・拘禁するということになる。仮にそれが行き過ぎであったとしても、市民にとって痛手となり精神的にストレスを与えれば抑止力になる、などと考えることになるのだろう。

こういうことが日米で始まっているとすれば、グーグルでの検索やメールのやり取りはすべて日米政府に把握されていく（この問題については本章第六節で詳しく見ていく）。プライバシーなどあったものではない。これでいいのか、ということになる。

(2)「共謀罪」と治安維持法

犯罪の計画段階で処罰する「共謀罪」法制が、改正組織犯罪処罰法（正式名称「組織的な犯罪の処罰及び犯罪収益の規制等に関する法律」）の成立によって現代日本社会に出現した。国会審議では処罰対象のあいまいさや日本国憲法で保障された「内心の自由」（「思想及び良心の自由」：憲法一九条）までもを侵す危険性が指摘されてきた。この法制が戦前・戦中の治安維持法と似ているという指摘も数多ある。

二〇一七年七月一二日付の朝日新聞には以下の記載がある。

治安維持法が日本本土で初めて適用されたのが、軍事教練反対のビラが見つかったことを契機に、思想研究団体に関わる大学生ら三八人が起訴された「京都学連事件」だ。近代刑法史に詳しい内田博文・九州大名誉教授は「共謀罪」法の今後を考えるうえで、この事件に注目する。「貧困問題などへの関心からマルクス主義を研究した学生の活動を、捜査当局は意図的に『思想の実践』とみなし犯罪に仕立てた。治安維持法の適用は権力側の恣意的な運用で始まった」と指摘する。「共謀罪には市民運動も対象になるのではとの指摘があった。権力側が適用を考える場合、『不当弾圧』の批判をさけるために『運動参加者は社会の敵』というイメージづくりを進めるだろう」と述べる。

もう一つ、同紙の二〇一七年五月一九日付から引用しよう。

首都大学東京の木村草太教授（憲法）は「思想良心の自由」など憲法の条文にふれ

ながら、「頭では何を考えてもいいと保障されている。単に（犯罪計画の）下見にいっただけで罰するのは、刑罰の謙抑性からも好ましくない。違憲の疑いもある」と批判した。

映画監督の周防正行さんは「捜査手法として密告に頼ることなどが考えられ、必ず冤罪が増える」と訴えた。専修大学の山田健太教授（言論法）は、表現の自由の観点から分析。「共謀罪は極めて広範に、怪しい人を拘束する法律。政府が話してほしくない人を世の中から消してしまうことができる。『言葉』を理由に人の自由を奪う法律だ」と指摘した。

今回の「共謀罪」法制と戦前・戦中の治安維持法を少しだけ比較してみたが、治安維持法は、日本が侵略戦争へ向かうため、国内の反対派を弾圧するために法制化されたものである。そして敗戦後、治安維持法は廃止され、新しい憲法では、「思想及び良心の自由」、「表現の自由」などの市民的自由の保障が明記されたのである。ところが右にみたように、学者の多くが、「共謀罪」はこの現行憲法に違反する、違憲の可能性があると指摘しているのだ。

ここで現行憲法の条文をあらためて眺めておこう。

憲法一九条　思想及び良心の自由は、これを侵してはならない。

憲法二〇条　信教の自由は、何人に対してもこれを保障する。いかなる宗教団体も、国から特権を受け、又は政治上の権力を行使してはならない。

二　何人も、宗教上の行為、祝典、儀式又は行事に参加することを強制されない。

三　国及びその機関は、宗教教育その他いかなる宗教的活動もしてはならない。

憲法二一条　集会、結社及び言論、出版その他一切の表現の自由は、これを保障する。

二　検閲は、これをしてはならない。通信の秘密は、これを侵してはならない。

憲法二三条　学問の自由は、これを保障する。

憲法一九条について、芦部信喜著『憲法（新版）』は次のとおり解説する。

このような思想・良心の自由を「侵してはならない」とは、第一に、国民がいかなる国家観、世界観、人生観を持とうとも、それが内心の領域にとどまる限りは絶対的に自由であり、国家権力は、内心の思想に基づいて不利益を課したり、あるいは、特定の思想を抱くことを禁止することができない、ということである。たとえ民主主義を否定する思想であっても、少なくとも内心の思想にとどまる限り処罰されない、と解すべきである。

思想・良心の自由が不可侵であることの第二の意味は、国民がいかなる思想を抱いているかについて、国家権力が露顕（disclosure）を強制することは許されないこと、すなわち、思想についての沈黙の自由が保障されることである。国家権力は、個人が内心において抱いている思想について、直接または間接に、訊ねることも許されないのである。したがって、たとえば江戸時代のキリスト教徒の弾圧の際に行われた「踏絵」、あるいは天皇制の支持・不支持について強制的に行われるアンケート調査など、個人の内心を推知しようとすることは、認められない（一三九〜一四〇頁）。

すなわち芦部は、明治憲法下では治安維持法の運用のもとで、特定の思想を反国家的なものとして弾圧するという、「内心の自由」の侵害事例が多かったので、日本国憲法では、精神的自由に関する諸規定の冒頭で「思想・良心の自由」をとくに保障したのだ、と説明し、さらに「思想・良心」とは、世界観・人生観・主義・主張などの個人の人格的な内面的精神作用を広く含むものである、と解説する。

「共謀罪」法制は、このような「精神的自由」や「思想・良心の自由」（すなわち「内心の自由」）を否定するものである。治安維持法制下で世界規模の大戦争（アジア太平洋戦争）を引き起こし、結果的にはその戦争で自らを滅してしまったこの国が、性懲りもなく「平成の治安維持法」というべき「共謀罪」法制を国会で無理矢理に決めてしまった。筆者は、「残念」とか「屈辱」という言葉を超えた何とも言い難い否定的精神状態に追い込まれた。

もう一つ重要なことを述べておかなければならない。それは、「表現の自由」とは何か、という問題である。これも芦部著『憲法（新版）』を引用する。

内心における思想や信仰は、外部に表明され、他者に伝達されてはじめて社会的効用を発揮する。その意味で、表現の自由はとりわけ重要な権利である。

表現の自由を支える価値は二つある。一つは、個人が言論活動を通じて自己の人格を発展させるという、個人的な価値（自己実現の価値）である。もう一つは、言語活動によって国民が政治的意思決定に関与するという、民主政に資する社会的な価値（自己統治の価値）である。

表現の自由は、個人の人格形成にとっても重要な権利であるが、とりわけ、国民が自ら政治に参加するために不可欠の前提をなす権利である（一六〇頁）。

第三節　「内心の自由」――「表現の自由」と著作物

(1)「表現の自由」と著作物

「表現の自由」とは、憲法によって保障された、他人が侵してはならない権利である。右に芦部が『憲法（新版）』に述べているように、「表現の自由は、すべての表現媒体による表現に及ぶ。演説、新聞・雑誌その他の印刷物、ラジオ、テレビはもちろん、絵画、写真、映画、音楽、芝居などの表現も保障される」（一六三頁）。ここで言う「すべての表現媒体による表現」とは、著作権法でいう「著作物」である、と言っていい。

著作権法は、「著作物」について次のように定義する。すなわち「思想又は感情を創作的に表現したものであって、文芸、学術、美術又は音楽の範囲に属するものをいう」（第二条）。そして「表現の自由」とは、憲法によって保障された他人が侵すことのできない権利であり、日本国民の全員に保障された「自由」なのだ。「表現の自由」に基づいて、演説、新聞・雑誌その他の印刷物、ラジオ、テレビはもちろん、絵画、写真、映画、音楽、芝居などの表現、すなわち著作物は完全に保障され、保護されなければならない。

もう少し詳しく見ておこう。この「表現の自由」とは、表現することの自由であるが、表現するのは人間であり、その内容は、その人間がそのときもっている思想、感情であり、そのときその人間に去来する気持ちなどが、その人間の脳や心を通じて、さらに口や手足など身体を経て何らかのかたちとなって外部に表出され表現されていくということに他ならない。

すなわち、表出され表現されたモノ以前に人間の脳や心などに宿っている思想、感情、気持ちが存在するのであるが、芦部は右記のとおり、思想・良心の自由は、内面的精神活動の自由のなかでも、もっとも根本的なものだと力説し、さらに「しかし、わが国では、明治憲法下において、治安維持法の運用にみられるように、特定の思想を反国家的なものとして弾圧するという、内心の自由そのものが侵害される事例が少なくなかった。日本国憲法が、精神的自由に関する諸規定の冒頭において、思想・良心の自由をとくに保障した意義はそこにある」と説いたのである。

戦前・戦中には治安維持法によって特定の思想が反国家的なものとして弾圧され、「内心の自由」そのものが侵害されていた。

表現されたモノが反国家的であるから権力が取り締まるというのなら、そこに表現されたモノという証拠もあるのだろうから、逮捕拘束によって即物的に「証拠」調べを行うことも可能だろう。ところが頭の中や心の中にある考え・思想・感情・気持ちをまだ表出していない段階で、逮捕拘束するというのである。

日本国憲法は、戦争の反省から、常識以前の絶対的社会通念であるが故にあえて憲法に明記することがなかった「思想・良心の自由」「内心の自由」を、固い決意を込めてわざわざ明記し、この「思想・良心の自由」と「内心の自由」を前提に「表現の自由」の保障が定められている。憲法がこのように定めた以上、著作権法において表現された「著作物」さえ保護すれば足りると解釈するのは、心得不足ということになるのだろう。

加戸守行著『著作権法逐条講義（六訂新版）』によれば、著作物の要件が次のように記述されている。

三番目の要件としては、創作的に表現したものであること。「表現」ということでございます。思想・感情を表現することが必要である。そこで、例えばアイデアとか、理論とか、あるいはキャラクターといわれていますものは著作物の骨格を成す重要な要素ではあろうけれども、アイデアそれ自体、あるいは理論それ自体は著作物たり得ない。アイデアに基づいてそれを具体的に表現したもの、すなわち、小説・論文・楽曲・絵画というように具体的に表現された形式を指して著作物というわけでございます（二二三〜二二四頁）。

この記述のなかで「思想・良心の自由」「内心の自由」について触れていないことは多少残念な気もするが、このことにつき解説するのは、かなり難しいことなのであろう。ただ私たちは、この「表現の自由」とそこから生まれた著作物について考えるとともに、世界的に見てもまれな「思想・良心の自由」「内心の自由」を明記してそれを保障した日本国憲法の精神、すなわち制定の本旨を常に考えておかねばなるまい。

⑵ 著作者について

「思想・良心の自由」「内心の自由」「表現の自由」「著作物」について述べてきたが、そもそも、これらの主体はいったい誰か。まぎれもなく、人間、すなわち、私たち自身である。憲法で保障された諸権利、著作権法で保護された諸権利を堂々と行使し、これらが奪われないように闘わねばならぬ主体は、私たち自身なのだ。「思想・良心の自由」「内心の自由」は人間が誰しも持つものであり、世界的に普遍である。人間の精神の奥深いところから、強い欲求によって生まれてくる絵画や音楽や学術論文などの歴史的な蓄積こそが、間違いなく人類の歴史を作ってきたのである。そうした著作物を表出しているのが人類であり、人間であり、著作者であり、私たち自身なのだ。

著作権法は「著作物」の定義に続いて「著作者」の定義を行っているが、著作者とは「著作物を創作する者をいう」というだけで、前出の加戸著『著作権法逐条講義』には解説もない。著作物の詳しい解説をその前にしていることから、著作者については省略したということなのであろうか。

「思想・良心の自由」「内心の自由」という内面的精神活動の自由とは、私たち自身の人間の内面的精神活動を指している。歴史上に無数の才能が無数の著作物を残し、私たち現代人に多くの知恵を与えている現実を直視するなら、著作者についてもう少し深く考えなければなるまい。

第四節　憲法・幸福追求権

(1) 幸福追求権と人格権

憲法一三条を読んでおこう。

［個人の尊重、生命・自由・幸福追求の権利の尊重］
第十三条　すべての国民は、個人として尊重される。生命、自由及び幸福追求に対する国民の権利については、公共の福祉に反しない限り、立法その他の国政の上で、最大の尊重を必要とする。

このような憲法一三条「幸福追求権」について、芦部信喜著『憲法（新版）』は次のように説明する。

個人尊重の原理に基づく幸福追求権は、憲法に列挙されていない新しい人権の根拠となる一般的かつ包括的な権利であり、この幸福追求権によって基礎づけられる個々の権利は、裁判上の救済を受けることができる具体的権利である、と解されるようになったのである（一一五頁）。

さらに芦部は、「京都府学連事件」が警察による憲法違反の権利侵害事件であったことを最高裁が認定した事実を紹介している（一一五頁）。

デモ行進に際して、警察官が犯罪捜査のために行った写真撮影の適法性が争われた事件。最高裁は「個人の私生活上の自由の一つとして、何人も、その承諾なしに、みだりにその容ぼう・姿態を撮影されない自由を有する……。これを肖像権と称するかどうかは別として、少なくとも、警察官が、正当な理由もないのに、個人の容ぼう等を撮影することは、憲法一三条の趣旨に反し、許されない」と判示して、肖像権

（プライバシーの権利の一種）の具体的権利性を認めた（最大判昭和四四・一二・二四、刑集二三巻一二号一六二五頁）。

このように憲法一三条は、「人格権」としての名誉の保護も保障している。同条の「個人として尊重され、生命、自由及び幸福追求に対する国民の権利」との記述は、人間の尊厳や人間としての人格権が否定されないという意味も含んでいる。

芦部は「一九六四年（昭和三九年）の「宴のあと」事件一審判決」が、「私生活をみだりに公開されない法的保障ないし権利」であると定義された私法上の権利（人格権）が「個人の尊厳を保ち幸福の追求を保障するうえにおいて必要不可欠なものであるとし、それが憲法に基礎づけられた権利であることを認めた」（一一七頁）と述べている。

この「人格権」と名誉・プライバシーの関係について、芦部はさらに注釈し、「各人の人格に本質的な生命、身体、健康、精神、自由、氏名、名誉、肖像および生活等に関する利益の総体は広く人格権と呼ばれ、私法上の権利として古くから認められてきた。名誉もプライバシーも人格権の一種であるが、前者は人の価値に対する社会の評価を言うのに対し、後者は社会的評価にかかわりない私的領域を言う。そこに両者の本質的な相違がある」（一一九頁）と説明する。

本章では「共謀罪」（テロ等準備罪）の問題点を論じているのであるが、「共謀罪」法制が施行されてしまった現在、警察・検察権力は「共謀罪」を成立立件させようとして、計画・準備段階で逮捕拘束できる体制を構築してしまっている。従来の日本の法律では、犯罪行為が実際に行われてはじめて現行犯逮捕を含めて犯人探しがはじまっていたのだが、今や計画・準備段階で逮捕拘束されるようになり、一般市民を含めた監視社会が到来したのである。科学・技術の進展に伴ない市民のプライバシーに関するデータも、そのデータベースも累積し続けていく。この累積され続ける個人データそのものが、警察権力によって利用されることになるからだ。

(2) プライバシー権

憲法・幸福追求権とプライバシーの権利について、もう少しふれておかなければならない。もちろん「共謀罪」（テロ等準備罪）との関係においてである。「共謀罪」法制が施行されてしまった以上、特に警察権力によって、テロ等の反社会的犯罪を実行する恐れがある組織や一般人を日常的に監視して犯罪を未然に防止するための〝予防弾圧〟活動がおこなわれることになる。これは従来非合法とされていたのだが、共謀罪（テロ等準備罪）法制の施行によって、適法となってしまった。

アメリカでは二〇〇一年九月一一日の世界貿易センタービルや国防総省《ペンタゴン》ビルへの航空機「自爆テロ」以来、国内のイスラム教徒はすべてが監視対象とされ、密告され、尾行され、データベース化されているという。イスラム教徒は再びそのようなことを起こすのではないかという一般的な恐れや予断が高まれば、それを監視するのは当然とする世論は勢いづく。そうした世論を背景に監視は合法化されていく。だがイスラム教徒であるからと言って、それが直ちにテロリストを意味するわけではない。キリスト教徒や仏教徒であっても、友人のイスラム教徒がテロリストだと疑われたりすれば、自分もテロリストだと疑われる。つまり、多くの一般人が監視対象になっていくということであり、社会全体がお互いに見張り合うような、とても息苦しい監視社会、ストレス社会、プライバシーのない嫌な社会が立ち現われる。いまのアメリカがそうであるように、日本もそのような社会になったということである。

たとえば国内のどこかのイスラム寺院に興味本位に行き、イスラム教徒と談笑したりすれば、その後警察から尾行され、監視対象人物となる。その足で、国会周辺に行き、「共謀罪」反対などのプラカードを掲げたりすればなおさら、今後の監視は厳しくなると考えるべきである。完全にブラックリスト化される。

このようにいつも誰かにプライバシーを監視されることになる。プライバシーを監視されるということ、私生活を他人にいつも観察されている感覚というのは、想像しただけで不気味なものだ。監視カメラが家の外にも部屋の中にも設置され、生活音や会話や独り言が録音もされ、それを誰かがどこかで視聴しているとなれば精神的におかしくなるのは必至だ。日本国憲法はこのようなことは許さない、ということを保障しているはずなのだ。

第五節　国連特別報告者の批判

二〇一七年五月二六日付の朝日新聞は、「共謀罪」の趣旨を盛り込んだ組織的犯罪処罰法改正案についての懸念を表明した書簡を安倍晋三首相に送った国連の特別報告者ジョセフ・カナタチ（マルタ大教授）が、この書簡に〝反批判〟を述べたてた日本政府の対応に対して、「他国にはなかった反応」だと驚きを表明し、「日本は立法を焦らず、法案を再考すべきだ」と憂慮を述べたことを伝えている。

カナタチは各国の「プライバシー権」保護状況を調査監視する特別報告者である。「共謀罪」法案がプライバシー侵害や恣意的な適用の恐れがある、と警告する書簡を同月一八日に安倍首相に送り、内容を公表した。菅義偉官房長官は会見で「特別報告者は国連の立場を反映するものではない」などとこれを〝反批判〟した。

カナタチが出した書簡の骨子（朝日新聞）は以下のとおりである。

- ●「共謀罪」法案はプライバシーや表現の自由を制約するおそれがある。
- ●法案は「計画」「準備行為」の定義があいまいでテロや組織犯罪集団以外に適用されるおそれがある。
- ●法案を成立させる過程を急ぎ、国民的議論が不当に制限されている。

このようにカナタチが出した書簡の骨子は、的を射たまったく正当な内容であったが、これに対して菅官房長官の〝反批判〟は、国連の特別報告者の書簡は国連の立場を反映するものではない、と無視する態度を示した無内容のひどい対応であった。

カナタチは、国際連合の特別報告者として正式にその任務を遂行しているのだろうが、日本政府・菅官房長官は「国連の立場を反映するものではない」として、カナタチの忠告どころか存在までも、事実上、全否定したに等しい。

菅官房長官が個人的な狂言や気紛れで口を滑らせたのではなく、安倍政権が周到に用意した発言だとすれば、日本政府はいつから国連を批判するほどの地位になったというのか。「共謀罪」法案はプライバシーや表現の自由を制約するおそれがある、とカナタチは指摘したのであって、日本国内でも同様な強い批判があるなかで、よくも国連の特別報告者の忠言を否定できるものである。国際連合は多くの問題を抱え、その紛争解決等の任務も必ずしもうまく遂行できているわけではない。国際社会の中で、話し合いによる解決をめざす国際連合があるにも拘らず、大国は、一方的な大国論理で、国際連合の存在を無視した行動をとってきていることは周知の事実である。だが日本は国際社会の中で強引なふるまいを行ってきたわけではないはずである。

今回の日本政府の対応は、まともではなかった。この問題に対してもアメリカの圧力があったとしか思えないし、だからこそ世界中で顰蹙《ひんしゅく》を買うような菅官房長官の発言になったのだろう。結局は国連からも批判が突き付けられる中で、日本政府は強引に法改正をしてしまったわけである。

第六節　『スノーデン 日本への警告』について

二〇〇一年九月一一日、アメリカ合衆国の上空で、飛行中の複数のジェット旅客機が同時多発的なハイジャックで乗っ取られ、そのうち二機はニューヨーク世界貿易センタービルに突っ込んでツインタワーを完全に崩落させ、別の一機はワシントン近郊の国防省本部に突っ込み、他の一機も墜落して、数千人の犠牲者を出した。この所謂《いわゆる》「9・11同時多発テロ」は、世界中の誰でもが驚愕した悲惨な事件であった。これ以来世界秩序は一変したといわれている。

このようなテロの恐怖が世界を覆い、世界の多くの国々がこのテロ対策に奔走することになった。このテロ対策の基本が監視である。「9・11テロ」犯行集団と目されたイスラム過激派が再びテロを起こすのではないかという恐怖に駆られたのである。しかし、その監視は継続されているが、テロリズムは世界各地で一向に止む気配がない。だが「テロ対策」と名がつけば監視は許されるようになってしまった。

「テロ対策」と称しておこなわれている現代の監視体制は、従来の尾行などによる対人行動監視といった牧歌的なやり方ではまったくない。なのに「テロ対策」、すなわち「安全・安心」を求めるのなら、一般市民の自由はある程度制限されねばならぬ、とする言説がまかり通っていく。政府はほとんどフリーハンドで個人情報を集め、一般市民を監視し始めたといっていいだろう。

エドワード・スノーデン。彼の名はすでに世界中に知れ渡っている。アメリカの諜報機関等に在籍し、あらゆる情報を収集してきた彼が、自分のおこなってきた仕事に対して、こんなことをして許されるのかと自責の念をつのらせ、二〇一三年六月、その仕事内容を勇気をもって内部告発《リーク》したのである。

彼が暴露した機密資料をもとに、イギリスやアメリカの有力紙が連日にわたり、アメリカ連邦政府の監視捜査の実態を明らかにした。光ファイバーに直接アクセスして一般市民の膨大なデジタル通信を盗み取っていたこと、グーグルやフェイスブック等々のインターネット企業に顧客情報を提出させていたこと、議会や裁判所といった従来の〝民主主義の守護者〟には全く規制できなくなっていたこと、なによりもアメリカの民主主義社会が死滅しつつあることを暴露することになった。

スノーデン自身もいっているように、二〇一三年のリークが投げかけたテーマは監視だけではなく、問われているのは民主主義がこのまま死んでしまうのか、という問題であった。

スノーデンの発言を『スノーデン 日本への警告』（集英社新書）から拾ってみる。

続いて、テクノロジーの進歩に伴ってまったく新しい監視手段が最近用いられるようになりました。これが、マス・サーベイランス、すなわち無差別・網羅的な監視です。この監視を行うにあたり、政府は民間の会社に協力させています。グーグル、フェイスブック、アップル、マイクロソフト、ヤフーなどのインターネット・サービス・プロバイダや、ネットワーク・コミュニケーションのシステム、インフラ、光ファイバー回線、衛星などの設備を提供する通信事業者などに協力させるわけです。この通信事業者については、ＮＴＴドコモのように日本のみなさんが使っている電話会社のアメリカ版をイメージしてもらえばわかりやすいと思います。アメリカのベライゾンやコムキャストといった会社が代表例です（二五頁〜二六頁）。

……こうした権利が侵害されたのです。それこそが私が目撃したものです。九・

一一の同時多発テロをきっかけとして、少なくともアメリカにおいて、また多くの英語圏の国家において、監視政策の大転換が起きたのです。罪を犯したという疑いがある人だけではなく、あらゆる場所であらゆる人を監視対象とするようになったのです。これが可能になったのは、テクノロジーの進化によって監視が安く、簡単にできるようになったからです。また、恐怖が蔓延する雰囲気の中で、監視に対する政治的な抑制も働きませんでした（二七頁〜二八頁）。

スノーデンのリークはさまざまな意味で世界中に警告を与えたが、その核心はメタデータが収集されることによって監視社会が生まれ、民主主義が破壊されるということである。プライバシーが侵害されるということは、本書の趣旨からいえば、スノーデンがいみじくも述べたように「思索する時、文章を書く時、物語を想像する時に、他人の判断や偏見から自らを守る権利で、どのような人間になりたいのか、このことを誰に伝えるかを決めることのできる権利」（六七頁）が侵害されることなのだ。

「共謀罪」（テロ等準備罪）法制反対の立場から論を進めてきたが、筆者がこの法制に反対してきた根拠の核心はこのスノーデンの言葉にある。スノーデンが日本国憲法を読んでいるとも思えないが、思索するには「精神の自由、内心の自由の保障」が大前提となるし、文章を書くには「表現の自由の保障」が大前提となるのだから、人間が普遍的に享有している自由が侵害されることは、決してあってはならないのである。スノーデンの告発は、著作権を考えるうえで深い示唆を与えられる内容である。

《引用文献》

髙山佳奈子著『共謀罪の何が問題か』（岩波ブックレットNo.966、二〇一七年）
芦部信喜著『憲法（新版）』（岩波書店、一九九七年）
加戸守行著『著作権法逐条講義（六訂新版）』（著作権情報センター、平成二五年）
エドワード・スノーデン他著『スノーデン 日本への警告』（集英社新書、二〇一七年）

第七章　著作権制度の最終目標

第一節　著作権制度の重要性

文化庁は、仲介業務法を見直し、それにともなってＪＡＳＲＡＣなどの著作権の仲介団体の在り方を見直すために一九九四年（平成六）年八月、文化審議会に「権利の集中管理小委員会」を設けて検討してきた。

それにしても「権利の集中管理小委員会」とは不思議な命名である。確かに著作権の仲介団体には権利が集中しているのだが、権利を集中させて管理をすることがあたかも独占禁止法に違反するかのごとく受け止められ、すぐにでも仲介業務法を改正しなければならない雰囲気さえ漂っていたようである。

一九九九（平成一一）年七月に文化庁は「権利の集中管理小委員会専門部会中間まとめ」(http://www.mext.go.jp/b_menu/shingi/old_bunka/chosakuken_index/toushin/1325642.htm)を公表している。この文書は冒頭に「はじめ――問題の所在」という項目を立てて次のように整理している。

●著作権の集中管理は、著作権を保護する一方で著作物の利用の円滑化を図る最適な方法の一つとして、古くから発達してきた。

●世界で最古の集中管理団体は、フランスの演劇作家・作曲家協会（SACD）であるといわれているが、その協会の前身である演劇法律事務所は、既に一七七七年に創設されている。協会設立の発端は、著作者の了解を得ずに上演・演奏を行っていた劇場との訴訟に勝訴したことであり、その後同協会は地方に代理人をおき、劇場との契約を進めてきた。また、音楽の分野では、一八五一年に創設されたフランスの作詞家・作曲家・出版者協会（SACEM）が最初である。同協会もパリのコンサート・カフェでの無断演奏訴訟に勝訴したのが協会創設のきっかけである。その後、音楽の演奏権に関する集中管理団体は、欧州を中心に次々と創設された。

●さらに、集中管理は、著作物の利用手段の開発普及とともに発展拡大していくことになる。例えばレコードの発明普及により録音権が、放送技術の開発により放送権が認められることになると、必要に応じ、集中管理団体が新たに創設され又は既存の団体が業務を拡大することにより、これらの権利の集中管理を行うこととなった。

●我が国では、昭和一四年の「著作権に関する仲介業務に関する法律」（昭和一四年法律六七号）（以下「仲介業務法」という）の制定と同時に音楽については大日本音楽著作権協会（現日本音楽著作権協会）が、小説については大日本文芸著作権保護同盟（現日本文芸著作権保護同盟）が設立され、その後も脚本に関し仲介業務法に基づく二つの集中管理団体が設立され現在に至っている。

●著作物は、無体物であるため、一つの作品を広範な利用者が利用しうるという特質を有する。そのことは一面では、無断利用が広範に行われ、その実態を把握しにくいという脆弱性も有している。このような課題を克服するため、著作物利用手段の開発普及とともに著作権の集中管理もその取扱いを広げていったのである。最近では、音楽に限らず、文芸作品、美術作品、実演、レコードなど広範囲の分野において集中管理が定着しつつある。

これは、仲介業務法の見直しのために設置された「権利の集中管理小委員会」専門部会の「中間まとめ」の一部であって、著作権の仲介団体＝著作権等管理事業者の在り方について述べたものである。

著作権制度全体を見わたしたとき、この著作権仲介団体（著作権等管理事業者）のことも重要であるが、著作権法そのものの在り方がさらに重要である。はじめて仲介業務法が制定され、著作権の仲介団体が設立されたのが、一九三九（昭和一四）年であるが、旧著作権法が制定されたのは、それより更に四〇年も前の一八九九（明治三二）年であったことを忘れてはならない。

一八九九（明治三二）年に旧著作権法が制定された背景には〝条約改正問題〟があった。すなわち一八五八（安政五）年の日米修好通商条約など、開国にあたって幕府が列強諸国と締結した条約は、相手国に治外法権を認めながら、日本の関税自主権が拒まれるなどの不平等なものであったが、この不平等条約を改正するにあたって相手国側から条件として求められたのが、日本の法体制・法環境を近代国家にふさわしいものに整備することであった。

日本はこの要求に応えるため、著作権の保護に関する条約「ベルヌ条約」に加入することを列強諸国に約束し、そしてこのベルヌ条約の水準を充たす著作権法の制定を図ったのである。

一八五八（安政五）年は一八六八年の明治元年よりも一〇年も前の話である。列強諸国との不平等条約は一〇年間も継続していたのであって、一刻も早く明治政府はこれを改正したかったに違いない。そして当時の政府は、不平等条約を改正し、欧米に恥ずかしくない近代国家構築に邁進し、ベルヌ条約に加入するために欧米各国から求められた著作権法を制定している。

このようにして著作権法は制定されたのだが、日本で広く著作権の考え方が行きわたっていたわけでは決してなく、「著作権法あれど著作権なし」の状態が続いていた。この法律を実効せしめるには、欧米のように著作権の管理団体が必要とされ、その管理団体を規制する法律もまた必要であったが、結局は「プラーゲ旋風」という外圧を経験し、やむなく仲介業務法を制定し、著作権の仲介団体を設立することになったのである。

現行「著作権法」の第一条（目的）をみれば「この法律は、著作物並びに実演、レコード、放送及び有線放送に関し著作者の権利及びこれに隣接する権利を定め、これらの文化的所産の公正な利用に留意しつつ、著作者等の権利の保護を図り、もって文化の発展に寄与することを目的とする」とある。結局のところ著作権法の目的も、仲介業務法や著作権等管理事業法の目的も、最終的には文化の発展に資することなのである。そして著作権法にも仲介業務法や著作権等管理事業法にも、それなりの歴史があるわけで、それらの過去の遺産をしっかりと引き継いでいくことが必要である。

第二節　「著作権等管理事業法」批判

「著作権等管理事業法」とは、日本音楽著作権協会（ＪＡＳＲＡＣ）、日本文藝家協会、日本芸能実演家団体協議会など著作権等管理事業者を規制する法律である。平成一二年法律第一三一号として制定され、施行日は二〇〇一（平成一三）年一〇月一日である。これによって、いわゆる「仲介業務法」（「著作権に関する仲介業務に関する法律」）は廃止された。

この「仲介業務法」は昭和一四年四月五日に法律六七号として制定されたものである。昭和一四年は西暦一九三九年であるから、仲介業務法は六〇年以上も施行されたのちに廃止されたことになる。六〇年以上前に制定された古い法律であり、現代社会に追いついていないという理由で廃止されたということになるのであろうが、新たに制定された「著作権等管理事業法」にもかなりの問題点がある。

(1) 仲介業務法

「仲介業務法」は一九三九(昭和一四)年四月五日に制定された著作権の仲介団体を規制するための法律で、これに基づき同年のうちに著作権の仲介団体として、小説の分野では大日本文藝保護同盟(現日本文藝家協会)、音楽の分野で大日本音楽著作権協会(現日本音楽著作権協会―JASRAC)が設立された。

「仲介業務法」の制定以前、一八九九(明治三二)年に「(旧)著作権法」が制定されてはいたが、日常的に著作権を管理する団体等は存在しなかった。そうした状況のなかでドイツ人のウィルヘルム・プラーゲがドイツやフランス等の主要な著作権の管理団体を代理して、一九三一(昭和六)年頃に東京に事務所を開き、権利侵害の摘発とその使用料の徴収を行い始めた。

このプラーゲという外国人の著作権保護の要求はかなりハードなもので「プラーゲ旋風」と呼ばれている。当時のNHKは一年間にわたり外国作品を放送しないなど抵抗を示したが、それは本来の在り方ではなかった。いわばプラーゲ排除の意思もあったが、やはり日本でも外国と同じように著作権管理団体を設立すべしとの機運が高まり、先の二つの団体が政府の肝いりで設立されたのである。

仲介業務を実施するには、仲介団体設立の許可が必要である。制定当初から一分野につき一団体の許可が原則とされ、この「仲介業務法」が廃止されるまで、脚本については二団体が許可されていたが、一分野につき一団体しか業務実施の許可はされていない。

ここで設立許可された日本音楽著作権協会（ＪＡＳＲＡＣ）は音楽の著作権管理団体として、当然ながら日本で唯一であり、営利法人ではない公益法人であった。当時の時代背景からすれば、最初に複数団体の設立許可を認めてしまえばプラーゲが設立しようとしていた団体をも認めざるを得なくなり、プラーゲ排除のためにわざわざ「仲介業務法」を制定して音楽の仲介団体を設立した意図が意味をなさなくなる。そういうわけで一分野一団体の設立ということになったはずなのだ。

併せていえば、政府肝いりで設立した団体である以上、これを営利法人、すなわち営利を目的として極大利潤を求める株式会社のような、政府がコントロールできない団体にするわけには行かなかった。この音楽および文芸の仲介団体が設立された一九三九年は、まだ太平洋戦争の開戦前であり、資本主義経済が現在ほど高度には発展していない時代である。結局ヨーロッパの団体が営利法人ではないことも考慮されて、公益法人すなわち非営利団体としての設立が許可されたわけであるから、この設立の精神が「仲介業務法」が廃止されるまで継続されたのは当然のことであった。

そして著作権業界、すなわち権利者も利用者も、そのような枠組みの中で日常業務を行い、業務慣行、思考の枠組みもそのように出来上がって行ったのであるから、国内の著作権仲介団体の設立や性質をめぐる基本方針の変更が容易ではないことは想像に難くない。

(2) 著作権等管理事業法の制定

「仲介業務法」は一九三九(昭和一四)年から六〇年以上継続してきたのであるが、この時代には第二次世界大戦とその敗戦があり、敗戦国日本は、アメリカの支配下に長い間置かれてきたのである。その後、日本経済は目覚ましい発展をとげた。「旧著作権法」は、一九七〇(昭和四五)年に抜本的に改正されたが、一方「仲介業務法」は改正されることなくそのまま継続されてきた。それでも通用してきたのであるが、「仲介業務法」が現状にそぐわなくなり、業務遂行が困難になったから改正して欲しいなどという要望が著作権管理団体からなされたわけではない。だがいよいよ改正されることとなった。

この改正の経緯や理由を著作権法令研究会編『逐条解説著作権等管理事業法』（有斐閣）は標題のごとく「仲介業務法」が廃止され新たに「著作権等管理事業法」が制定されたことにつき、その経緯や理由をまとめたものである。「仲介業務法」の見直しのため、著作権審議会「権利の集中管理小委員会」が設置され、その中での議論を踏まえ、「中間まとめ」が公表された。さらに、パブリックコメントによって広く世の中の意見を反映したうえで、報告書が作成された。同書は、この「中間まとめ」や「報告書」に記載された内容等について説明している。以下を引用する。

③法的基盤整備の基本的考え方

法的基盤の整備の基本的な考え方に関して、中間まとめでは規制緩和、競争原理の導入をその一つとして掲げていたが、権利者団体を中心にこれらの理念は著作権管理にはなじまないのではないかとの意見もあったことから、著作権管理の本質に立ち返って理論的再整理を行っている。

すなわち、著作権管理事業のあり方については、次の五つの視点を挙げている。

（ア）著作権管理は著作者の利益の実現のために存在するものであるから、著作者の意思の尊重が重要であり、著作者が自らの意思によって適切な著作権管理の方法や著作権管理団体を選択する自由を尊重すべきであること

（イ）　著作物の利用実態の変化に即して従来団体による著作権管理が行われなかった分野においても著作権管理団体を設置する動きがあり、このような今後の動きにも対応する必要があること

（ウ）　著作権管理団体およびその管理事業に対する著作者および利用者の信頼性の確保が重要であること

（エ）　著作権管理団体およびその管理事業の透明性の確保が重要であること

（オ）　著作権に関する情報提供機能の充実が必要であること

そして、以上の視点に立って、国の役割はその要請に応えるような体制整備に向けた必要最小限度の関与にとどめるべきであるとしている。

また、著作者による著作権管理の方法や著作権管理団体の選択の自由を確保するためには、作品や支分権についての選択権が尊重される必要があり、既存の仲介業務団体の中で、日本音楽著作権協会では選択権を認めていないことから、信託契約約款の見直しの必要があることを指摘している。ただし、具体的な選択の範囲については国

際慣行に留意しつつ、各分野でのルールづくりが進められることが必要であるとする。
（三三二～三三五頁）

④仲介業務法の問題点と改正の必要性

仲介業務法については、次のような問題があり、デジタル化・ネットワーク化の進展による著作権管理事業に対する社会的要請の高まりに応えて、早急に新しい著作権管理制度を構築し、健全な著作権管理団体・管理事業を育てていくことが必要であるとしている。

（ア）利用実態の変化への対応の観点から、仲介業務法による適用範囲の限定は見直すべきであること

（イ）著作者の選択の自由の確保の観点から、仲介業務法に基づいた複数の著作権管理団体の設立に対する規制は見直すべきであること

（ウ）使用料に関する仲介業務法の認可制も著作権管理団体の参入規制緩和に伴い見直しが必要であるが、その際、著作権管理団体と利用者の間の紛争解決手段の整備が必要であること

（エ）事業の透明性確保について仲介業務法は必要な規定を欠いていること
（オ）仲介業務法は主務官庁の裁量を広く認めており、行政手続の透明性確保の観点から見直しが必要であること（三四～三五頁）

また「（3）著作権管理団体の業務」の「①業務の開始（ア）業務実施の規制方法（b）」の項目には次の記載がある。

（b）株式会社等の営利法人の取扱いについては、中間まとめに対する意見の中に株式会社等による業務実施に疑問を呈するものがあったが、（i）著作者の意思の尊重という前提に立てば著作者が株式会社等を選択することを禁止できないこと、（ii）今後の著作権管理事業の発展に際して株式会社等の形態がとられることも十分に予想されること、（iii）国の適切な関与等によって権利者の利益を保護することも可能であることから、結論としては中間まとめと同様にその参入を法律上排除することは適切でないとされた（三七頁）。

（3）著作権等管理事業法の制定の背景

以上の③項及び④項は最終の報告書からの引用であったが、一方「中間まとめ」には、この最終報告書にはない記述がある。

「中間まとめ」の「はじめに——問題の所在」には、以下のように記述されている。

●（中略）特に、仲介業務法については、昭和一四年の制定以来基本的に改正されていないため、規制の対象となる著作物の範囲や、業務実施・使用料に係る規制の内容が現在の著作物の利用実態等に適合していないのではないかという問題が指摘されている。

●また、政府全体における規制緩和政策の観点からは、経済的規制については原則廃止、社会的規制は必要最小限度に限定との原則に基づき、公的規制の見直しが求められている中で、仲介業務についても、規制緩和の観点から何らかの見直しが求められるところである。

著作権審議会「権利の集中管理小委員会」が設置された一九九四（平成六）年八月には、

その報告書の冒頭で述べていたように、「最近におけるデジタル化・ネットワーク化の進展に伴い、著作物、実演、レコード、放送（以下「著作物等」という）の利用に大きな変化が生じており、このような利用環境の変化に対応して、円滑で信頼性の高い権利処理システムの構築に対する社会的要請が高まりつつある」という現状認識が正しいものだったのだろう。

だが、このような背景があったとしても、差し迫った課題ではなかったように思える。右に引用したとおり、むしろ優先された考え方は、「政府全体における規制緩和政策の観点から」であったとしか思えないのだ。「公的規制の見直しが求められている中で、仲介業務についても、規制緩和の観点から何らかの見直しが求められるところである」などという記載は政府中枢からの指示により、そこに規制緩和すべきものはないかとあれこれ探してみたところ、「仲介業務法」の見直しがあることに気付いた、といったような書き方である。

（4）公益法人制度改革

さらに付言すれば、公益法人の在り方が社会全体で問われた事件もあったが、公益法人は一般営利法人と比較すると法人税が安く、また逆に公益法人を名乗りつつも実際は営利法人のような事業をやっているなどと、不透明な運営が社会問題とされていたのである。それで公益法人改革が行われたのであるが、この改革においては、不公正な運営を行っていた公益法人を解体することは社会正義であり、望ましいことではあった。

だが本質的な問題は、政府全体による規制緩和や競争原理を積極的に導入するためには、その経済や社会環境が公平であらねばならない、ということだ。例えばアメリカ資本が日本で経済活動をするとき、日本の競争相手に公益法人などが存在し、法人税などが安ければ、勝負にならないことは自明のことである。アメリカ資本など外国企業の視点にたてば、営利活動に関与する公益法人は徹底的にその数をしぼり、その形態もできる限り株式会社などの営利法人にしてもらった方がわかりやすいというものであったはずだ。

(5) 日米関係

「仲介業務法」の廃止と「著作権等管理事業法」の制定によって、著作権の仲介団体は、新しく著作権等管理事業者として生まれ変わったのだが、その内容は大幅な変化をもたらすものであった。なぜこのように大幅に変わったのか、その原因を筆者なりに整理すると以下のようになっていく。

①日米関係の新たな展開と日本の対応

一九八九（平成元）年から一九九〇年（平成二）年に行われた日米構造協議やその報告の発表によって日米関係は大きく変容し、一九九六（平成八）年から始まる逐次の日米双方による日米年次改革要望書には、米国政府から日本政府への要望として、著作権法等の改正を含む知的財産に関する改革の要望が具体的に多数列挙されている。

日本政府はこれに応えるように二〇〇二（平成一四）年七月三日に知的財産戦略会議（同年二月二五日設置）において「知的財産戦略大綱」を発表し、同一一月二七日には、この戦略大綱に基づき、「知的財産基本法」を成立させている。

さらに、この知的財産基本法に基づき「知的財産戦略本部」を設置（二〇〇三（平成一五）年三月一日設置）し、同年七月八日には「知的財産の創造、保護及び活用に関する推進計画」（二〇〇四年からは「知的財産推進計画二〇〇四」等と表記している）を策定・公表している。

②日米年次改革要望書と知的財産推進計画

以後、米国政府から日本政府への日米年次改革要望書が提出されると、翌年、その内容を反映した日本政府による「知的財産推進計画」が公表されることとなり、日米年次改革要望書が二〇〇八（平成二〇）年まで出され、それを受けて「知的財産推進計画二〇〇九」が公表されている。

日米年次改革要望書は二〇〇九年には見当たらないが、最終的に日本政府へ、「日米間の『規制改革及び競争政策イニシアティブ』に関する日米両首脳への第八回報告書」（二〇〇九年七月六日）が提出されている（外務省ＨＰ参照）。

この内容を反映すべき日本の「知的財産推進計画二〇一〇」は、政府（民主党）が抜本的に見直すためパブリックコメントを求めている状況にあった（二〇一〇年六月現在）。

一九八九年の日米構造協議にはじまり、その内容はアメリカによる日本経済の徹底した分析とそれに基づいたアメリカによる日本経済や社会体制に対する規制緩和と構造改革を求めるものであった。このアメリカによる要求は日本の一般市民にとって多くの利益をもたらすものもあり、一概に否定できない内容も含まれている。だが、多くはアメリカ資本が日本社会に経済進出するための布石であったと考えることができる。経済的に発展した日本経済社会にアメリカ資本が乗り込んで、アメリカなりの公正公平《フェア》な経済競争のなかで極大利潤を求める、というアメリカの戦略がそこにあるといえる。

外国資本が入り込むことによって日本の資本家、経済界が衰退するわけにはいかない。そのためにも関税制度があるのであって、また外国資本が簡単に入り込めないように様々な規制が施されていたのである。そのような規制を緩和せよという要求の強大な波が日米構造協議から徐々に合法的に有無を言わせず進んできた。その集大成が既にふれたＴＰＰの在り方であった。

こうした状況のなかで「仲介業務法」の見直しが図られ、「著作権等管理事業法」が成立してきたのである。公益法人の見直し、すなわちアメリカにとって極めて不透明な存在である公益法人が真の公益性を有しているのか改めて吟味し、そうでないなら営利法人として競争原理の中で経済活動しなければ不公平である、とのアメリカの指摘は合理的である。「仲介業務法」においては、仲介団体は公益性が求められ営利法人でないことが求められていたのであるが、この「著作権等管理事業法」では、仲介団体から管理事業者になるとき、営利法人の参入を認めることになってしまった。

かくして今や、営利法人を含む著作権等管理事業者が数多く存在しているのであって、利用者にとっては非常に煩雑になってしまった。「著作権等管理事業法」が制定されて以来、この著作権制度は見直されていない。取り返しが付かなくなる前に、もう一度文化の発展に必要な著作権制度とは何かを根本から考えてみるべきである。

第三節　著作権等管理事業者の文化的役割

文化庁のＨＰには「著作権等管理事業者登録状況一覧（平成三〇年四月一日現在）全二七事業者」とある（第七章末の表を参照）。「仲介業務法」時代には一分野一団体の原則で始まったものが、現在では一分野に多数の著作権等管理事業者が存在している。新しい「著作権等管理事業法」が制定され、営利法人である株式会社等が著作権等管理事業者として登録しているのである。

音楽の分野でいえば、仲介業務法時代には、日本音楽著作権協会（ＪＡＳＲＡＣ）に行けばほとんどの場合利用したい音楽の許諾・請求がなされたが、著作権等管理事業法の時代になったおかげで、利用したい音楽によってはその音楽を管理している他の著作権等管理事業者を探さねばならず、煩雑この上なき状況になっている。この煩雑による不便さを超えて著作権制度が改善されたとの評価は聞かない。それに、著作者が管理事業者を選べるのは良いことであるには違いないが、多数の管理事業者が存在することで著作者の選択の自由が確保されることが大いに有益であるとも思えないのである。

このような状況のなかで著作権法や仲介業務法の制定の経緯をあらためて考えてみると、日本の著作権制度を拡充させ、現行の著作権法や著作権等管理事業法の目的である「文化の発展に資すること」になるのか不安を覚えざるを得ない。いったい何のための、誰のための「仲介業務法」の見直しであったのかを、もう一度考え直しておかなければならない。公益法人として、歴史的にはＣＩＳＡＣ（著作権協会国際連合）の一員として、世界の著作権情報を日本国内に知らせしめることや科学・技術の進展に伴う音楽等の新たな媒体に関する法改正をおこなってきたように、ＪＡＳＲＡＣなどの著作権等管理事業者が「文化の担い手」であったことは事実であったし、これからもそのようにあり続けなければならないが、他の管理事業者もそのようにあって欲しいものだと思わざるをえない。

公益法人制度の改革時にＪＡＳＲＡＣは公益性を強く求められ、一般的な著作権の広報活動の他に、社会貢献事業としての文化事業を行っていたことがある。公益性が高いものでない限りは株式会社等の営利法人に移行すべきである、という法改正の趣旨を充たすためであったとはいえ、社会貢献は実際になされていたのである。「文化の担い手」である以上、自社の極大利潤を求めるだけではなく、広い意味で社会に貢献することも必要なことである。

《引用文献》
文化庁「権利の集中管理小委員会専門部会中間まとめ」（一九九九年）
(http://www.mext.go.jp/b_menu/shingi/old_bunka/chosakuken_index/toushin/1325642.htm)
著作権法令研究会編『逐条解説著作権等管理事業法』（有斐閣、二〇〇一年）

《参考文献》
日米構造問題研究会編『日米構造問題最終報告』（財経詳報社、一九九〇年）
吉本隆明著『大情況論』（弓立社、一九九二年）
関岡英之著『拒否できない日本』（文芸春秋社、二〇〇四年）
原田武夫著『騙すアメリカ騙される日本』（筑摩書房、二〇〇五年）
小林興起著『主権在米経済』（光文社、二〇〇六年）

著作権等管理事業者登録状況一覧（平成30年4月1日現在）（全27事業者）

登録番号	名　称	取り扱う著作物等の種類
01001	一般社団法人　日本音楽著作権協会	音楽
01002	公益社団法人 日本文藝家協会	言語
01003	協同組合　日本脚本家連盟	言語
01004	協同組合　日本シナリオ作家協会	言語
01005	株式会社　NexTone	音楽，レコード
01006	株式会社　東京美術倶楽部	美術，言語
01008	公益社団法人　日本複製権センター	言語，美術，図形，写真，音楽，舞踊又は無言劇，プログラム，編集著作物
02001	一般社団法人　日本レコード協会	レコード，実演
02004	一般社団法人　学術著作権協会	言語，図形，写真，プログラム，編集著作物，美術，建築，映画，音楽，舞踊又は無言劇
02005	公益社団法人　日本芸能実演家団体協議会	実演
02006	一般社団法人　日本美術家連盟	美術
02007	株式会社　メディアリンクス・ジャパン	美術，写真，言語
02010	一般社団法人　教科書著作権協会	言語，音楽，美術，図形，写真
02013	有限会社　コーベット・フォトエージェンシー	写真，言語，美術，図形
03010	一般社団法人　日本出版著作権協会	言語，写真，図形，美術
04001	一般社団法人　出版物貸与権管理センター	言語，美術，写真，図形
05001	株式会社　International Copyright Association	音楽，レコード
06001	協同組合　日本写真家ユニオン	写真
07002	一般社団法人　出版者著作権管理機構	言語，美術，図形，写真，編集著作物
08001	株式会社　アイ・シー・エージェンシー	音楽，レコード，実演
08002	コピーライトコンサルティング　株式会社	美術
09002	株式会社　日本ビジュアル著作権協会	言語，美術，図形，映画，写真
10001	一般社団法人　ワールドミュージックインターネット放送協会	音楽，レコード，実演，映画
12001	一般社団法人　日本美術著作権協会	美術
13001	一般社団法人　日本テレビジョン放送著作権協会	映画，放送
14001	一般社団法人　映像コンテンツ権利処理機構	実演

以下の事業者は，著作権等管理事業の開始準備中です。（管理委託契約約款及び使用料規程を定め，文化庁へ届出をしなければ事業を開始できません。）

登録番号	名　称	著作物等の種類
15001	一般社団法人　日本ケーブルテレビ連盟	映画，有線放送

【資料】著作権憲章（「著作者の権利」）

著作権憲章

1956年9月16～22日、ハンブルグで開催の
著作権協会国際連合（CISAC）
第19回大会において可決

第1章　社会における著作者

第1条　文芸、音楽、美術及び学術著作物の著作者は、社会において精神的かつ知的な役割を果たし、それは人類に深く永続的な恩恵をもたらし、文明発展を形作る上で、決定的要素のひとつとなる。

そのため、国家は著作者に対して、単にその個人的業績のみならず、社会の福利に対する貢献も考慮に入れて、最大の保護を与えるべきである。

第2条　著作者が文化的及び社会的使命を果たすならば、著作者は、知識と情報に分かち

難く結びついている創作と表現の自由を保障されなければならない。創作と表現の自由は、第一に、著作者は、その著作物を通じて、その経験、考え及び意見を公衆に伝えることにおいて自由であることを意味する。それはまた、著作者の芸術的かつ知的な人格を自然な流れに沿って、発展させる自由も意味する。

国家がその濫用を抑制することは、著作者の著作物に恣意的に干渉することを正当化するものではない。

第3条　文化と情報が妨げられることなく流布されることとを確保して公共の利益を保護することと、精神的著作物の利用の保護に関わる産業並びに商用利益の保護の観念とを混同してはならない。著作者の利益は、その著作物ができるだけ広範囲に流通することにあり、文化の発展と普及が最も効果的に育まれ得るのは、知的創造がその源において保護されることを通じてなのである。

第4条　精神的著作物の利用に関係する実演家及び産業の法的利益は、その固有の分野の法的規則によってのみ、相応に保護されることが可能になる。著作者は、その著作物が利用される上で著作者の権利行使が妨げられるべきではない。

第2章　著作者の権利の法的性格と内容

第5条　著作者の権利は、創作活動そのものの上に成り立っている。
　その起源はそのもの自体の本質の内にある。法律はその権利の保護と法規にのみ関与する。従って、権利そのものの存在は、形式的要件の充足を条件とすべきではない。

第6条　著作者の権利は知的創造の行為から生ずるのであるから、この権利はその創作者たる自然人についてのみ、発生し得る。
　法人は、精神の著作物における著作者の権利における原権利者とは決してみなされず、著作物を商品のひとつとしたり、著作者をその著作権を所有する産業組織の単なる従業員としたりする受け入れ難い考え方を拒絶することは重要である。

第7条　精神の著作物は同時に著作者の人格の表現であり経済的資産である。従って、著作物に対する著作者の権利は、完全に個人的で譲渡不可能で、生みの親の権利に帰する。同様の原則により、著作者は、その著作物の価値及び目的に関わらず、著作物の経済的利用のすべての形式において、排他的で伝達可能な権利を持つのである。
　著作者が第一次発行という極めて個人的な権利を行使する際に、著作者は自身の自然領域から自分自身が設定した条件で、自己の著作物をリリースし公衆に利用可能とするのである。

第8条　精神の著作物は、時間と空間において、知的創作物であり、それ以前の業績及び創作物に付加されることはあっても、それらに取って代わったり、時代遅れにさせたりすることはない。この点において、著作物は産業上の発明と異なる。後者は、技術的発展に対する連続的な貢献である。精神の著作物の普及を、社会的及び経済的観点から見た場合、これを特許権の利用と同視されてはならない。従って、著作権の分野に「強制許諾制」を導入することが、一般的な社会利益という理由で、正当化されることは決してあってならない。

第3章　著作権の行使と保護期間

第9条　著作者の権利の本質に鑑みると、精神の著作物は、原則として、商品のひとつのように、販売によって売り手のすべての権利が消尽するとみなされてはならない。

著作物の利用に関する著作者の様々な排他的権利、例えば、グラフィック（図画的）複製またはその他の手段による複製、機械的録音、映画化、公の演奏及び上演、テレビジョンまたはラジオ放送、または他の表現形式への改編の権利は、それぞれに互いに独立した特権であり、それらの第三者に対する譲渡は、著作者の明瞭で正式な同意によってのみ、行うことができる。

著作者はその著作物の富と結びつけられていなければならず、経済的成功における著作者への分与の一般原則が、一方を著作者、他方を産業及び利用者とするすべてのそしていかなる関係においても明言されなければならない。可能な限り、著作者は、著作物の表現及び複製の形式及び態様を問わず、自己の著作物の活用や利用から発生する総収入に対して百分比の分与を受けるべきである。

第10条　ある種の企業及び産業による精神の著作物の大量的利用、例えばラジオ、テレビ、機械的録音、映画においては、著作物の利用期間に関連付けて評価された経済的価値において、顕著で漸進的な減少をもたらしている。自己の著作物における著作者の権利行使に関係し、報酬の形式と額を決定するに際しては、この事実が考慮されるべきである。

第11条　個人的で私的な利用を目的とする、著作者の許諾を得ない精神の著作物の利用は、文化的の理由に限って正当化されることがあり、その利用は著作者の経済的利益を損なわない範囲に限定される。

しかし、フォトコピー、マイクロフィルム及び磁気テープのような現代的発明により提供され、しだいに増加する可能性を考慮すると、この原則は、もはや一般的で絶対的には適用し得ない。実際、著作物の個人的利用が同時に他の個人及び法人に利益をもたらすたびに、また、コピーの複製が部分的であれ、著作者の排他的権利と競合するときに、著作者の権利を無視することは正当化されない。そのような問題は立法によるか、契約によって解決されねばならず、採用された解決策は、新たな発明によって可能になった情報及び文化の普及を妨げることなく、著作者の経済的利益を効果的に保護すべきである。

第12条　各国の立法は、著作者人格権は永続的に保護されることを明示すべきである。著作者の死後、この権利行使の権限は、法定相続人又は譲受け人、或いは公的に資格を与えられた組織に移されるべきである。

著作者の権利における保護期間の制限のために、公有（パブリックドメイン）に帰する著作物の数は、例え有償公有であっても自由に使うことが出来、日々増加する。この制限は社会的要請に全面的に配慮したものであるから、著作権の存続期間中は、そのような理由で著作者の権利に対していかなる制限も加えられてはならない。

著作者の死後の著作物の保護期間は出来るだけ長くすべきである。複数の著作者が共同で著作物を創作した場合は、保護期間は最後まで生残った共同著作者の死亡のときから計算するべきである。

著作物が公有に帰することは、著作者及びその承継人の収入源を枯渇させることとなり、また、この収入は不安定で大きな変動にさらされており、さらには、その著作物の公の利用は、国家に対し相当の間接的収入をもたらすのであるから、著作者はその例外的事情を充分に考慮した特別の税制によって、恩恵を受けるべきである。

第４章　著作者団体の機能

第13条　諸々の著作者団体は、法律によって設立されていても、著作者並びにその権利承継人及び譲受け人の知的財産を管理する権利受託組織である。著作者団体は商業上の組織ではなく、経済利益によって動機づけられた組織でもない。著作者団体は、徴収した使用料の中から、管理経費に要する金額だけを差し引いて保留するにすぎない。こうした理由で、著作者団体は、特に税制上特別の法的地位を享受すべきである。

著作者団体は、必要な場合、法的措置を提起し、また国内立法及び国際条約の作成に参加することにより、著作者の基本的権利擁護のために行動する。

第14条　著作物普及の新たな手段と技術の発明、並びに著作物の国際交易の発展に伴い、著作者団体は、公の上演及び演奏、ラジオ放送、テレビ放送及び機械的複製から著作者に発生する使用料の規定、徴収、分配について不可欠の組織になってきた。

著作者団体の社会的機能は、自ら創設した福利厚生基金の活動によって、同様に明白である。

第15条　著作者団体の支援がなければ、著作者だけで、その著作物の利用を管理し、その権利を執行することはできないだろう。

私的契約はその形式と内容が大きく異なるが、それに優先する使用料分配規程のおかげで、著作者団体は、すべての著作者に対して一定の特権の保護を保証し、著作者がその創造的労働の果実を享受することを可能にするのである。

著作者団体がなければ、利用者は、著作権者が行使する権利の所有者を確かめられず、必要な許諾を得ることも出来ないだろう。

異なる国々の著作者団体間の緊密なネットワークは、相互管理契約の上に築かれ、ある国の著作者に対しその著作物のいくつかの国々での保護を保障し、かつ、利用者が多くの国からの著作物の許諾を得ることを可能にする。

第16条　著作者団体の目的は、ひとえに国内法及び国際条約によって著作者の権利として認められている一連の排他的権利の行使を可能にすることにある。著作者の許諾権限が著作者団体に集中している事実により、著作者団体が独占事業を行っているとする見方は正当化されるものではない。

第5章　著作者の権利の国際的保護

第17条　精神の著作物は、個人の創造的努力の成果であり、その著作物が着想を得て創作された国の言語と伝統から多くの特色が派生しているが、それはまた普遍的性格も備えている。そのような著作物の総体は全人類が共有される文化財を形成する。

精神の著作物は特定の国の有形物に結びついたものではない。その結果、容易に国境を越える。

それ故に、国内法において、外国著作物の保護のために特別の規定を設けること、並びに、協定及び国際条約によって、著作者の権利の国際的保護を確実にすることが重要である。

第18条　国内法、国際条約及び様々な国の著作者団体を拘束する相互管理契約において何より必要なことは、国内及び外国著作物の同等待遇の原則を保障することである。それは単なる相互性ではなく、より自由で重要な原則である。外国著作物を差別するすべての措置、例えば「割当制度」は排除され、精神の著作物の自動的で無条件の保護が確立されなければならない。

とりわけ国際的な領域である翻訳権の管理は、原著作物の著作者の排他的権利を基礎とすべきで、それによって、正確な翻訳を保証し、文化と情報の普及における無秩序な状態を避けることができるのである。

第19条　世界のすべての国が加入し得る多数国間条約、例えば、ベルヌ条約及び万国著作権条約は、著作者の権利の国際的保護のための最も効果的な方式である。著作者は、これら現行条約が、より良く、同時により統一化された保護基準を達成する目標を持って一層緊密に調整されるように、いかなる、かつ、すべての運動を支援する。

前世紀の最も重要な国際的業績のひとつとして、1886年9月9日にベルヌ条約が創設されて以来、文学的及び美術的著作物の国際的保護のためにベルヌ同盟が果たした断固とした先駆的役割を著作者は決して忘れない。

第20条　著作者の権利の法的な国際保護が、真に実効性をもつためには、世界のすべての国々で自由に流通する措置により、また、異なる国々での著作物の利用に対して著作者に発生する金額の迅速で効果的な支払いを担保する通貨交換規則により、国内的かつ国際的に実行されなければならない。

著作者の権利の効果的な国際管理と知的創作物の最も広範な普及を実現するには、多国間条約の形式の国際的協定を通じて、著作者の使用料が「二重課税」、即ち、著作物が利用された国と著作者が居住する国の双方で課税されることのないようにすべきである。

以上

（翻訳者　渡辺　聡）

おわりに

この本を成すにあたってたくさんの友人、諸先輩にお世話になった。巻末にＣＩＳＡＣ憲章の訳文を掲載したが、この訳文はＪＡＳＲＡＣ国際部シニア職員渡辺聡氏によるものである。氏は現在ＣＩＳＡＣのアジア・太平洋委員会の委員長の重責を担っている。氏には、著作権に関する考え方について学ばされているところで、ここでもお世話になった。

第三章「著作物と価値」を中心に恩師成城大学の名誉教授上野格先生にたくさんの重要なご指摘をいただいた。無知で全くの力量不足である筆者に、たくさんの知識をご教示いただいたが、さて本書を上梓させていただく段になってそれが正しく反映されているかはひとえに筆者の責任であることを申し添えておかなければならない。

最後に前書『メディアと著作権』と本書の出版を引き受けていただいた森下紀夫社長には再び大いにお世話になり、また、担当していただいた林威一郎氏には様々な点でご迷惑をおかけしてしまい、心から感謝申し上げる。

二〇一九年七月

堀之内　清彦

【著者略歴】
堀之内　清彦（ほりのうち・きよひこ）
1947年　東京生まれ
1971年　成城大学経済学部卒　社団法人日本音楽著作権協会入社
2007年　知的財産権調査室上席研究員
著作権問題を考える創作者団体協議会事務局他担当
2009年　『JASRAC70年史』（日本音楽著作権協会）執筆。『JASRAC概論』紋谷暢男編（日本評論社）企画編集
2010年　『音楽著作権訴訟の論点60講』田中豊編（日本評論社）企画
2011年　一般社団法人日本音楽著作権協会退職
著　書　『メディアと著作権』（2015年　論創社）

現代と著作権

2019年9月10日　初版第1刷印刷
2019年9月15日　初版第1刷発行

著　者　堀之内清彦
発行者　森下紀夫
発行所　論 創 社
東京都千代田区神田神保町 2-23　北井ビル　〒101-0051
tel. 03（3264）5254　fax. 03（3264）5232　web. http://www.ronso.co.jp/
郵便振替口座　00160-1-155266
装幀／宗利淳一＋田中奈緒子
印刷・製本／中央精版印刷　組版／フレックスアート
ISBN978-4-8460-1856-6　